I0463046

Das Projekt-Buch

Ein einfacher und direkter Ansatz zu Projektmanagement

von Abdulla J. Alkuwaiti

M.Sc. in Projektmanagement, PMP, RMP, MSP, PRINCE2

Inhaltsverzeichnis

Inhaltsverzeichnis

Für Fakhera, Aysha, Mariam, Ahmed und Mohamed

Über den Autor

Abdulla Al-Kuwaiti graduierte im Jahr 2000 mit einem B.Sc. in Systemengineering von der Universität von Arizona. Kurz darauf nahm er eine Anstellung als Sicherheitsingenieur bei einer großen Ölfima an. Während jener Zeit befasste er sich zum ersten Mal mit Projektmanagement, hat sich auf diesem Gebiet seitdem weiter fortgebildet und praktiziert es heute auf täglicher Basis. Abdulla ist ein eingeschworener Befürworter von Projektmanagement und sucht ständig nach Wegen, es weiter zu vereinfachen, damit seine Prinzipien und Werkzeuge öfter angewendet werden können. Er erhielt seinen Masters in Projektmanagement im Jahr 2007 und arbeitet gegenwärtig als Programmmanager. Abdulla hält RMP- und PMP-Zertifikationen verliehen durch das Projektmanagement-Institut der Vereinigten Staaten von Amerika. Desweiteren ist er im Besitz von PRINCE2- und MSP-Zertifikationen verliehen durch die Projektmanager-Vereinigung des Vereinigten Königreiches (Großbritannien). Seine Hauptinteressen liegen bei Risikomanagement, Programm- und Projektmanagement und Vorteilsmanagement.

Der Autor kann über seine Emailadresse kontaktiert werden: alk.books@gmail.com

Seine Webseite ist: www.kuwaitat.net

Erklärung des Autoren

Im Jahr 2010 leitete ich einen Trainingskurs in Projektmanagement. Mein Ziel war es, Projektmanagement zu simplifizieren und es auf eine attraktive Art zu präsentieren, denn ich hatte festgestellt, dass viele Projektmanager die vorhandenen Projektmanagementmethoden und –werkzeuge nicht anwendeten. In meinem Kurs legte ich besonderes Augenmerk auf die Wichtigkeit der Planungsphase eines Projektes und stellte dar, wie Ignorierung und Vernachlässigung derselben die Chancen für Projektverfehlung erhöhen.

Es ist heutzutage recht einfach, an Informationen über Projektmanagement zu kommen: Tippen Sie einfach "Projektmanagement" in ein zuverlässiges Suchprogramm ein und Sie erhalten tausende von Links zu Artikeln und anderen Informationsquellen über das Thema. Trotz dieses umfangreichen Informationsangebots mangelt es dennoch oft weiterhin an der Durchführung. Viele Projekte – groß und klein – werden ohne Projektmanagementmethoden in Angriff genommen. Ich glaube, dass ein Hauptgrund für diese Praxis die Abwesenheit eines vereinfachten Rahmenwerkes ist, das die Hand des Projektmanagers SCHRITT FÜR SCHRITT durch sein/ihr Projekt leitet. Das vorliegende "Das Projekt-Buch" soll ein solches Rahmenwerk darstellen.

Ich hoffe, dass dieses Buch Projektmanagern bei der Verwaltung ihres Projektes nützlich sein wird, vor allen Dingen während der Planungsphase. Ich appelliere dafür, dass für jedes Projekt ein Ringbinder angelegt wird, in dem Vorlagen (Schablonen) für jedes einzelne Teilelement des betreffenden Projektes abgeheftet werden, um später in Teamarbeit ausgefüllt zu werden.

Ich habe auch einen Artikel über meine Trainingskurse und die von mir benutzten Techniken verfasst. Dieser Artikel wurde in der virtuellen Bibliothek des Projektmanagement-Instituts veröffentlicht und ist außerdem am Schluss dieses Buches angefügt.

Kapitel 1
Eine Einführung zu Projektmanagement

Unsere Leben – ob beruflich oder privat – sind mit Projekten angefüllt. Durch Projekte erreichen wir unsere Ziele. Das Bezeichnen einer Gruppe von Aufgaben als "Projekt" hilft uns dabei, über die besten Wege, diese zu bewältigen, nachzudenken und dabei gleichzeitig die verfügbaren Ressourcen wie Zeit und Geld in unseren Gedankengang mit einzubeziehen. In diesem Sinne definieren wir ein Projekt als eine Gruppe von Aktivitäten, durch die wir innerhalb eines festgelegten Zeitrahmens gewisse Ziele erreichen wollen.

Ein Projekt besitzt spezielle Charakteristiken, zum Beispiel:

- Es hat ein Ziel zu erreichen: Es bestehen stets klare Günde weshalb wir ein Projekt in Angriff nehmen.

- Es muss in einem Produkt resultieren: Wenn das Projekt zu Ende geführt ist, muss es etwas abgeliefert haben, z. B. ein physisches Produkt, ein Dokument oder eine Dienstleistung.

- Es unterliegt einem klar umrissenen Zeitrahmen: Es hat einen Anfang und ein Ende. Selbst wenn das Projekt sich über Jahre hinweg hinauszieht, so kommt es schließlich doch zu einem Ende an dem Tag, an dem es sein beabsichtigtes Produkt liefert. In diesem Sinne werden Routineaufgaben (z. B. Kundendienstaktivitäten) nicht als Projekte definiert, da sie kein spezifisches oder erwartetes Abschlussdatum aufweisen.

- Es verlangt nach der Inanspruchnahme bestimmter Ressourcen: Beispiele dafür wären Arbeitskraft, Geld und sogar geistige Ressourcen für Denkrunden und Brainstorming.

- Es involviert eine große Menge an Ungewissheiten: Anders als bei Routineaufgaben, bei denen man genau weiss, was zu tun ist, kann sich ein Projekt auf andere Weise entwickeln als man es sich vorgestellt hat.

Beispiele für Projekte

- Bauprojekte, z. B. Hochhäuser, Tunnel, Gartenanlagen, usw.

- Persönliche Projekte, z. B. Vorbereitungen für Masters Degree-Studien oder eine Hochzeit.

- Forschungsprojekte, z. B. die Ausführung einer Studie über Ureinwohner im Amazonasgebiet.

- IT Projekte, z. B. die Kreierung einer Datenbank über Ihre Firmenangestellten.

- Veranstaltungsbezogene Projekte, z. B. die Planung von Ausstellungen oder Parties.

Die Definition von Projektmanagement

Wir haben jetzt definiert, was ein Projekt ist; wie sieht es aber mit "Projektmanagement" aus? Das Schlüsselwort bei der Definierung von Projektmanagement ist ANWENDUNG (od. Applikation). Projektmanagement ist demnach der Prozess der Anwendung von Methologien und Praktiken, die sich auf dem Fachgebiet Projektmanagement etabliert haben, um die Wahrscheinlichkeit erfolgreichen Projektabschlusses zu erhöhen und das Endziel (od. die Endziele) zu erreichen.

Viele Wissenschaftler und Professionelle haben in der Vergangenheit verschiedene Projekte observiert und die Elemente studiert, die diese Projekte entweder erfolgreich oder erfolglos verlaufen ließen. Sie benutzten ihre Beobachtungen, um Methologien und Werkzeuge zu entwickeln, die Projektmanagern bei der besseren Verwaltung ihrer Projekte helfen. Die Experten fanden zum Beispiel heraus, dass ein Projekt nur dann erfolgreich verlaufen kann, wenn die Prinzipien von Zeitmanagement, Risikomanagement und Kostenmanagement angewendet werden.

Bitte beachten Sie in diesem Zusammenhang, dass Projektmanagement eine etablierte Wissenschaft unabhängig vom technischen Aspekt eines Projektes ist. Um diesen Punkt zu illustrieren, wollen wir uns das Projekt zum Bau eines Wohnhauses näher betrachten. Der technische Aspekt dieses Projektes ist "Konstruktion", zu dem man Fachgebiete wie "Bauingenieurwesen", "Architekturwesen" oder "Stahlbau" heranzieht. Zusätzlich zu diesen technischen Fachgebieten wird man aber auch Projektmanagement als eine dominierende Wissenschaft heranziehen. Stellen Sie sich "Projektmanagement" dabei wie einen Regenschirm vor, unter dessen Schutz Sie das technische Know-How und die technische Expertise, die für das Projekt vonnöten sind, praktizieren oder anwenden. Mein Argument basierend auf der obigen Diskussion ist, dass man als Bauingenieur eine formelle Ausbildung braucht. Weshalb sollte das dann nicht auch für Projektmanagement gelten? Immerhin umfasst es ebenso Grundsätze und Methologien, die verstanden und studiert werden müssen. Ich habe etliche Leute kennengelernt, die sich mit dem Titel "Projektmanager" schmücken, jedoch kein formelles Wissen über die Wissenschaft Projektmanagement aufwiesen. Ich behaupte nicht, es gäbe keine guten oder gar exzellenten Projektmanager, die sich auf ihrem Arbeitsgebiet lediglich durch ihr Talent oder ihre Erfahrung auszeichnen, nicht aber durch ihr formelles Training. Jene sind aber die Ausnahme. Weiterführend könnte gesagt werden, dass man durchaus nicht jahrelang Projektmanagement an einer Universität studieren muss, bevor man Projekte zu verwalten imstande ist (obschon Studieren sich natürlich vorteilhaft auswirken kann). Stattdessen ist die Botschaft, die ich mit Ihnen in diesem Buch teilen möchte, dass Projektmanager Projektmanagement als solches als Wissenschaft ansehen sollten. Sie müssen sich Grundsätze aneignen, damit sie das beste beider Welten erhalten, wenn sie sich Schritt für Schritt ihre praktische Erfahrung aneignen: Theorie und Praxis. In diesem Buch versuche ich, diese Grundsätze auf eine einfach zu begreifende und praktische Art darzulegen.

Die verschiedenen Schulen von Projektmanagement

Die Wissenschaft Projektmanagement ist nicht absolut und statisch. Stattdessen lässt sie

Raum für Differenzen, Diskussionen und unterschiedliche Meinungen. Das ist zum Vorteil des Projektmanagers, denn es macht Projektmanagement flexibel. Es mag mehrere Lösungen für ein bestimmtes Problem geben; oder mehrere Werkzeuge, deren Anwendung eine bestimmte Situation bereinigt.

Aufgrund dieser Flexibilität von Projektmanagement, haben sich verschiedene Schulen entwickelt, die Projektmanagement von verschiedenen Blickwinkeln betrachten. Zum Beispiel:

- das Projektmanagement-Institut (PMI);

- die Vereinigung für Projektmanagement (APM);

- die Internationale Projektmanagement-Vereinigung (IPMA);

- das Australische Institut für Projektmanagement (AIPM);

- die Projektmanagement-Vereinigung von Japan (PMAJ).

Projektmanagement im Vergleich zu alltäglichem Management

Zusätzlich zu den Aufgaben, die zu Projekten zusammengefasst werden, haben Organisationen auch alltägliche Aufgaben zu bewältigen, zum Beispiel Kundenservice, Routineinstandhaltung und –wartung und interne/externe Kommunikation. Für solche sich wiederholende Aufgaben strebt die Organisation nach Harmonie und einem gleichbleibenden Grad an Leistung. Der beste Weg, dies zu erreichen, ist durch alltägliches Management, in dessen Rahmen Angestellte festgelegten Richtlinien und Prozeduren folgen, damit die benötigten Resultate stets gleichbleibend sind.

Auf der anderen Seite unterscheiden sich Projekte von Routinearbeiten auf die Weise, dass sie einzigartig sind und dass der Grad an Ungewissheit, mit denen sie sich entwickeln, bedeutend höher ist. Die Prinzipien des Projekmanagements sind für die Handhabung dieser Unterschiede am besten geeignet, weil sie:

- die Einzigartigkeit jedes Projektes durch die Verwendung eines maßgeschneiderten Ausführungsplanes in Betracht ziehen;

- verschiedene Werkzeuge und Techniken für Projektplanungsaktivitäten heranziehen, was den Ungewissenheitsfaktor herabsetzen kann;

- den Einsatz von Kreativität bei der bestmöglichen Verwendung verfügbarer Ressourcen ermutigen.

Nehmen Sie zum Beispiel eine Handelsbank, bei der in aller Regel sowohl Projekt- als auch Routinearbeiten anliegen. Ein Beispiel für Routinearbeit wäre die Schalterabfertigung von Kunden, eine Aufgabe, die Angestellten zufällt, die von der Bankleitung darin geschult wurden, gewissen Prozeduren zu folgen und sie ständig zu wiederholen, wie zum Beispiel die einzelnen Schritte zur Kontoeröffnung für einen Neukunden. Auf der anderen Seite mag die Bank auch ein Projekt verfolgen, wie zum Beispiel die Einrichtung einer Webseite, durch die den Kunden Internetbanking angeboten wird. Die Bank kann bei der Einrichtung der Webseite nicht lediglich Routineprozeduren folgen, denn es handelt sich hierbei um eine einzigartige Aufgabe, die zum allerersten Mal ausgeführt wird. Es bestehen keine spezifischen Informationen, wie die Aufgabe zu bewältigen ist und das Projekt mag sich unerwarteten Anforderungen und Risiken gegenübersehen. Es ist für die Bank daher besser, Projektmanagement einzusetzen, was viele verschiedene Werkzeuge umfasst, wie zum Beispiel Zeitplanung und Risikomanagement.

Der Lebenszyklus eines Projektes

Bei der Observierung verschiedener Projekte kommen viele Professionelle und Experten zum Schluss, dass Projekte vier Phasen durchlaufen:

- **Projektinitiierung:** Die Grundidee des Projektes wird erörtert;

- **Projektplanung:** Die Projektidee wird formuliert, die benötigten Ressourcen und der Ausführungszeitrahmen bestimmt;

- **Projektausführung:** Der Projektplan wird durchgeführt um letztendlich die Projektobjektive zu erreichen;

- **Projektabschluss:** Die offizielle Beendigung des Projekts und die Dokumentierung der während des Projektverlaufes gelernten Lektionen.

Es ist wert, festzuhalten, dass eine Aufschlüsselung von Projekten in diese vier Phasen vorteilhaft ist, denn dies hilft dem Projektmanager, den Aktionsaufwand auf alle diese Phasen zu verteilen. Außerdem stellt es einen generellen Leitfaden dar, dem man folgen kann.

Wie ein Projekt durch seinen Lebenszyklus progressiert

Während der Anfangsphase werden nur minimale Ressourcen benötigt. Dies ändert sich, wenn das Projekt durch seinen Lebenszyklus fortschreitet. Mehr und mehr Ressourcen werden benutzt, besonders während der Ausführungsphase. Diese Erkenntnis ist wichtig, denn sie zeigt auf, dass es billiger ist, Projektänderungen während der Anfangsphase zu bewerkstelligen, wenn der Aufwand an Ressourcen noch gering ist. Das nachfolgende Diagramm veranschaulicht diese Idee:

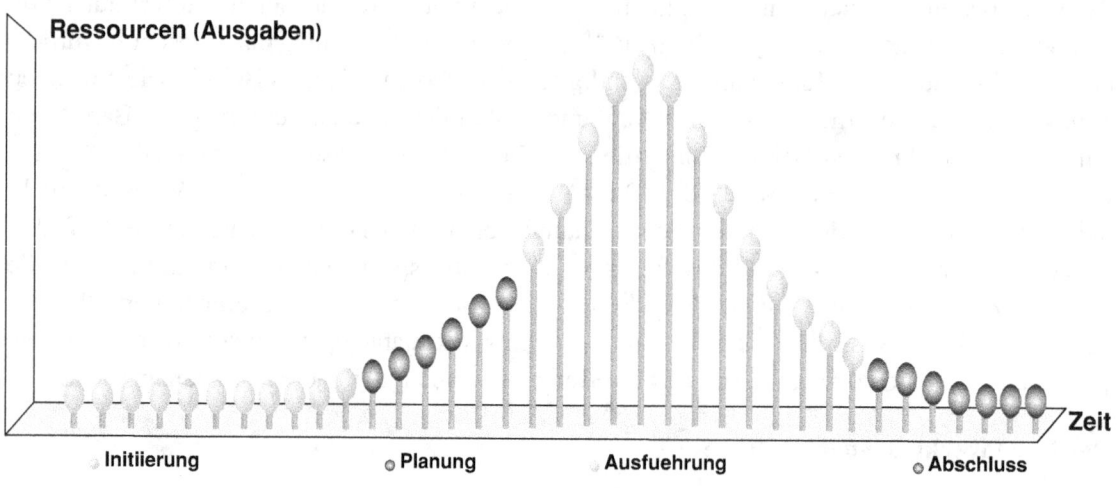

Was das Know-How betrifft, so existieren während der anfänglichen Stufen eines Projektes viele Ungewissheiten, wie das Projekt in der Tat verlaufen wird (ganz einfach aus dem Grund, dass wir nicht in die Zukunft blicken können). Alles wird jedoch klarer wenn das Projekt fortschreitet und wir können erkennen, ob die Projektausführung in die Richtung verläuft, die im Projektplan projiziert wurde. Das nachfolgende Diagramm illustriert das Niveau der Ungewissheit während des Lebenszyklus eines Projektes:

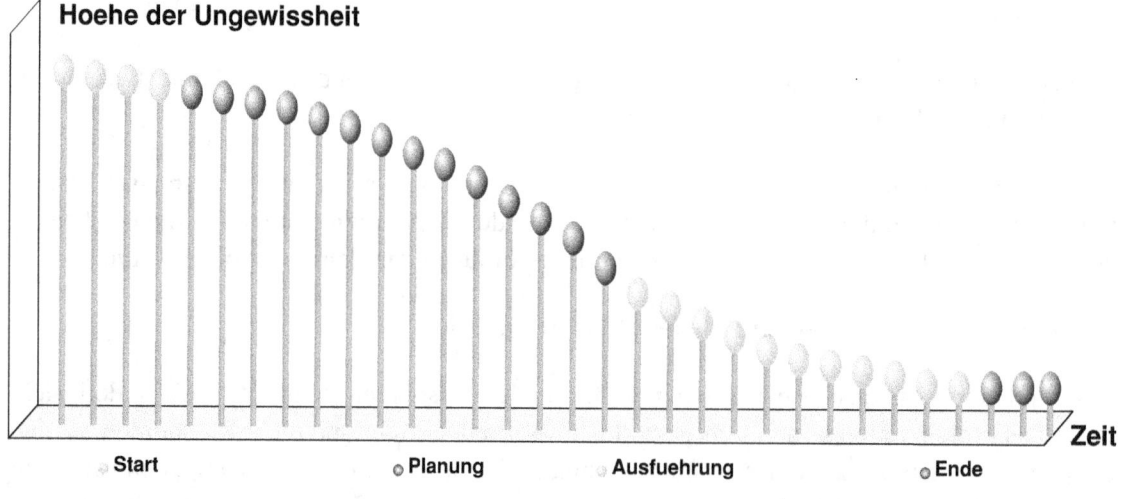

Das Wissen darum, dass das Ungewissheitsniveau zu Beginn eines Projektes am höchsten ist, sollte Projektmanager dazu veranlassen, verschiedene Methoden einzusetzen und so viele Werkzeuge und Techniken wie möglich zu verwenden, um sicherzustellen, dass sich das

Projekt in klaren Bahnen und präzise entwickelt. Wie dieses Buch später aufzeigen wird, hilft die Verwendung von Vorlagen (Schablonen) – besonders beim Risikomanagement – dabei, das Ungewissheitsniveau zu einem großen Maße zu reduzieren.

Das Design des Projektes

In vielen Projekten gibt es eine Phase, die dem Design des Produktes gewidmet ist; egal, ob es sich hierbei um ein Gebäude, eine Gartenanlage oder ein IT-System handelt. Manche Projektmanager mögen denken, dass dieses Designen Teil der Projektplanungsphase ist. Eigentlich ist e saber ein Teil der Projektausführung, denn das Design wird zwar während der Planungsphase erörtert, dann aber erst in der Projektausführungsphase durchgezogen.

Die Wichtigkeit der Projektplanungsphase

Es existiert absolut keine Unstimmigkeit zwischen den verschiedenen Schulen des Projektmanagement, dass eine Projektplanung für einen erfolgreichen Projektabschluss essentiell ist. Nichtsdestotrotz ist man manchmal aber erstaunt darüber, wie viele Projekte mit nur wenig oder überhaupt keiner Planung durchgeführt werden. Einige der Gründe für die Umgehung der Projektplanungsphase sind:

1 Schwierigkeit der Planung:

- Projektplanung umfasst verschiedene Elemente. Diese alle einzubeziehen, bedarf großen Aufwandes.

- Projektmanager verfügen oft über keinen vereinfahcten Leitfaden, wie sie einen Projektplan starten und abschließen sollen.

- Projektplanung bedarf umfassenden Trainings in den verschiedenen Elementen eines Projektes. Ein solches Training mag aber einzelnen Projektmanagern nicht zur Verfügung stehen.

2 Der Vorteil von Planung mag für manche Projektmanager nicht ganz deutlich sein:

- Der Vorteil einer Planung mag nicht klar sein, weil der Plan nicht auf eine realistische Art an die Projektausführung gekoppelt ist. Zum Beispiel können während des Risikomanagements - welches während der Projektplanung durchgeführt wird – viele Risiken identifiziert und Maßnahmen, diese zu kontrollieren, können erörtert und in den Plan mit aufgenommen werden. Wenn diese Kontrolliermaßnahmen jedoch nicht durchgeführt werden, dann ist der gesamte Aufwand für dieses Element der Planung (d.h. Risikomanagement) umsonst gewesen.

- Manche Projektmanager (speziell Neulinge) liefern oft das folgende Argument ab: "Der

Aufwand einer Planungsphase ist Zeitverschwendung. Planung bedeutet, die Zukunft vorhersagen zu wollen. In vielen Fällen verläuft die Zukunft aber anders, als man erwartet hat. Damit ist der gesamte Plan nutzlos." Sie mögen vielleicht sogar hinzufügen: "Wäre es nicht besser, das Projekt einfach aus dem Stegreif auszuführen und Änderungen und Anpassungen als direkte Reaktion auf Umstände zu implementieren, die sich entwickeln mögen?" Es mag ungenügende Erfahrung oder Ignoranz der Vorteile einer Planung sein, die einzelne Projektmanager zu solchen Argumentationen hinreissen. Der beste Weg, solchen Argumenten zu entgegnen ist, die Vorteile einer Planung darzustellen und durch Beispiele zu untermauern.

3 Angst vor Änderungen

- Wenn Projektmanager Projektplanung für lange Zeit vernachlässigt haben, werden sie sich in der Regel gegen die Idee auflehnen, einen offiziellen und dokumentierten Plan zu erstellen. Dieser Widerstand mag in der Angst begründet sein, dass Planung zusätzliche Arbeit und Projektüberwachung bedeutet (ein Projekt kann ohne Projektplan nicht präzise überwacht werden).

In diesem Buch werde ich einen Weg verinfachter Planung darstellen, indem ich Vorlagen (Schablonen) für die verschiedenen Planelemente mit Hilfe eines strukturierten und einfach nachzuvollziehenden Leitfadens vorstelle. Zusätzlich gebe ich Beispiele dafür, wie Planung sich während der Projektausführung in der Realität widerspiegelt.

Projektmanagement: Kunst und Wissenschaft

Ich möchte es klarstellen, dass Projektmanagement sich sowohl auf Kreativität als auch Wissenschaft aufbaut. Der wissenschaftliche Anteil von Projektmanagement legt fest, WAS genau zu tun ist. Der kreative Anteil legt fest, WIE etwas zu tun ist.

Projektmanagement als Wissenschaft

Ich richte den Fokus dieses Buches auf die wissenschaftliche Seite von Projektmanagement. Das vermittelt dem Leser die Methologien, Werkzeuge und Techniken, deren Anwendung mit allerhöchster Wahrscheinlichkeit in einem erfolgreichen Projektabschluss resultiert. Ich bae mich zu dieser Fokussierung entschlossen, weil die wissenschaftliche Seite das Fundament und der Startpunkt ist, mit dem sich jeder Projektmanager auseinandersetzen muss. In diese Fundament kann man sodann Erfahrung und Intuition integrieren. Außerdem kann man sich Methologien durch Bücher und Lehrkurse aneignen. Auf der anderen Seite hängt Kreativität eher von Erfahrung und Talent ab. Beispiele dafür, wie ich in diesem Buch auf den wissenschaftlichen Anteil von Projektmanagement fokussiere, sind die Vorlagen (Schablonen) für jedes der Projektmanagementelemente und simplifizierte Kurzdarstellungen der Theorien hinter jedem dieser Elemente. Das Buch präsentiert außerdem viele Werkzeuge und Techniken.

Projektmanagement als Kunst

Mit dem Wort "Kunst" verweise ich auf die Anwendung von Kreativität im Zuge eines Projektes, was Einfallsreichtum und die Fähigkeit, Dinge aus einer neuen Perspektive zu betrachten, umfasst. Es gibt keinen Zweifel: Ein Projektmanager braucht ein gutes Maß an Kreativität. Wir haben ein "Projekt" bereits als eine einzigartige Arbeitsaufgabe definiert. Diese Einzigartigkeit verlangt nach einer einzigartigen und kreativen Herangehensweise bezüglich seines Managements. Wenn Projekte lediglich durch "Copy und Paste" bewältigt würden, dann könnten wir uns mit einem "roboterhaften" Managementstil begnügen. In der Realität werden Projektmanager aber mit einer Fülle unerwarteter und spezieller Situationen konfrontiert, die nach kreativen (und unmittelbaren) Entscheidungen verlangen. Es ist ungleich schwieriger, die künstlerische Seite von Projektmanagement zu erlernen als die wissenschaftliche Seite; weil es eben "Kunst" ist. Die künstlerische Seite hängt von komplexen und miteinander vernetzten Elementen ab. Dazu gehören zum Beispiel Erfahrung und "Soft Skills", wie etwa Kommunikation und Zeitmanagement. Nachstehend sind einige Beispiele für die kreative Seite von Projekten:

- Führung des Projektteams bei der Ablieferung der Projektobjektiven;

- Lösen von Disputen und Konflikten;

- Entscheidungsfällung;

- Die Fertigkeit, eine Besprechungsrunde zu leiten;

- Die Fähigkeit, diplomatisch mit den verschiedenen Interessengruppen umzugehen und zu versuchen, sie alle zu befriedigen ohne dabei die Projektobjektiven zu opfern.

Aus den vorstehend aufgeführten Beispielen erkennen wir, dass sie sich nicht alle lediglich einer einzigen Regel unterwerfen. Um zum Beispiel ein Projektteam zu führen, mag der Projektmanager auf verschiedene Führungsstiltheorien stoßen. Davon die passende auszuwählen, hängt von der Kreativität des Projektmanagers ab und davon, die vorherrschende Situation korrekt einzuschätzen und dementsprechend zu handeln.

Die künstlerische Seite von Projektmanagement wird sich für den Projektmanager in dem Maße entwickeln, je mehr Projekte er/sie handhabt. Zuallererst muss sich der Projektmanager jedoch die Grundtheorien und -methologien des Projektmanagement aneignen, auf die sich die nach und nach erlangten Erfahrungen sodann aufbauen.

Wenn mehr als ein Projektmanager für ein Einzelprojekt verantwortlich zeichnet

Einige Projekte involvieren mehr als einen Projektmanager. Nehmen Sie beispielsweise ein Regierungsprojekt zur Anlegung eines Nachbarschaftsparks. Drei Projektmanager mögen hier eingespannt sein: Einer von der Regierung, einer von der Konsultierungsfirma, die das Design des Parks erstellt, und einer von dem Bauunternehmen, das die Bauarbeiten ausführt. In diesem Fall sollten ihre jeweiligen Rollen nicht miteinander in Konflikt geraten. Stattdessen "managed" der [regierungsamtliche] Projektmanager den Projektmanager der Konsultierungsfirma, welcher seinerseits den Projektmanager von der Baufirma "managed". Ich führe dieses Beispiel hier auf, weil es ziemlich häufig vorkommt. Oft überlässt der Projektmanager von der Regierung (oder der Sponsorenorganisation) die Bürde der Projektplanung aber dem Projektmanager von der Konsultierungsfirma. Diese Vorgehensweise ist jedoch nicht angeraten, denn die Konsultierungsfirma ist sicherlich nicht jene Partei, der am meisten am Projekterfolg liegt. Das wäre in unserem Beispiel die Regierung (oder Sponsorenorganisation). In dieser Situation muss der Projektplan deshalb vom Projektmanager der Sponsorenpartei erstellt werden. Aktualisiert und komplettiert wird der Projektplan von der Konsultierungsfirma. Begutachtet wird vom Bauunternehmen. Das nachfolgende Diagramm illustriert die Hierarchie der Verantwortlichkeiten in solch einem Fall:

Die Wichtigkeit der Dokumentierung

Oft höre ich von Neulingen, die an ihrem allerersten Projekt arbeiten, sie fänden das Ausfüllen von Vorlagen (Schablonen) lediglich eine unnötige Schreibarbeit ohne Vorteile und daher eine Zeitverschwendung. Ich sympathisiere mit ihnen, denn viele Projektmanagementvorlagen können in der Tat sehr lange ausfallen, fast so als wären sie von Rechtsanwälten aufgesetzt worden, die selbst die penibelsten Details einarbeiten, wie immer trivial diese auch sein mögen. Ich bin außerdem der Meinung, dass viele Vorlagen die Essenz, weshalb sie überhaupt kreiert wurden, nicht erfassen. Diese Essenz ist, dass sie sich mit anderen Projektvorlagen vernetzen und damit für die Projektausführung aktiv eingesetzt werden können. Ich hoffe, dass dieses Buch die Rolle von Vorlagen rekapitulieren kann.

Wir wollen zuerst aber noch einmal zu dem Argument am Anfang des obigen Abschnittes zurückgehen, denn dazu gibt es noch einiges zu sagen. Einige Projektmanager bezweifeln den Nutzen einer schriftlichen Dokumentierung ihres Projektplanes in derselben Weise wie Neulinge den Wert einer Dokumentierung in Frage stellen und sich stattdessen lieber kopfüber in ein Projekt stürzen möchten. Dokumentierung wird als "Schreibarbeit" angesehen, nicht als "praktische Ausführungsarbeit".

Es stimmt: Dokumentierung (entweder mit Hilfe von Vorlagen oder auf andere Weise) nimmt Zeit in Anspruch. Wenn man etwas dokumentiert, hinterlässt man damit eine schriftliche Aufzeichnung für andere Parteien, die diese Aufzeichnung sodann begutachten, verbessern und weiterbenutzen. Dokumentierung unterstützt jedoch Fortschritt. Entwicklung baut sich nicht auf den Ideen auf, die in den grauen Zellen einer Person kurzieren, sondern kann nur erreicht werden, wenn diese Ideen schriftlich niedergelegt und anderen Personen präsentiert werden. Außerdem ist schriftliche Dokumentierung natürlich inzwischen internationaler Standard. ALLE Projektmanagementvereinigungen bestehen auf Dokumentation als wichtigem Element, dem sich jedermann, der ihnen beitreten möchte, unterordnen muss (z.B. die ISO Organisation). Zu guter Letzt: Während Sie die Ideen, die in Ihrem Kopf kreisen, auf ein Blatt Papier transferieren, unternimmt Ihr Intellekt automatisch Kalkulationen, bewertet die jeweilige Idee, passt sie an und macht sicher, dass sie es überhaupt wert ist, niedergeschrieben zu werden. Ihr Unterbewusstsein ist gewahr, dass Ihre Idee – einmal niedergeschrieben – von anderen Personen begutachtet und bewertet werden kann. Obwohl Ihr Intellekt sie dazu verleiten kann, zu denken, Ihre Idee wäre hervorragend, ist er intuitiv dennoch nicht unbedarft genug, auch eine schriftliche Dokumentation darüber zu verfassen.

Wie können Projektmanager dieses Buch benutzen?

Wenn Sie in naher Zukunft ein Projekt managen (im Zuge Ihres Berufes oder privat), können Sie dieses Buch unmittelbar und sofort benutzen, indem Sie das nachfolgende tun:

- Kaufen Sie sich einen Ringbinder und unterteilen Sie ihn in vier Sektionen.

- Benennen Sie die Sektionen: "Projektinitiierung", "Projektplanung", "Projektausführung", "Projektabschluss".

- Besuchen Sie die Internetseite **www.theprojectbook.net**, drucken Sie die Vorlagen aus und teilen Sie sie dementsprechend auf die vier Sektionen in Ihrem Ringbinder auf.

- Bearbeiten Sie alle Sektionen nacheinander und füllen Sie die Vorlagen aus während Ihr Projekt fortschreitet.

Letztendlich erhalten Sie einen angefüllten Ringbinder, der nicht nur jeglichen Aspekt Ihres Projektes dokumentiert, sondern auch alle Ideen und Plane von Ihnen (und Ihrem Team) für ein erfolgreiches Projekt enthält.

Wie kann eine Organisation dieses Buch benutzen?

Ob die im "Projektbuch" beschriebenen Methoden von einer Firma benutzt werden können, hängt von deren Erfahrung im Managen von Projekten und ihren existierenden Methodlogien und Techniken ab. Dieses Buch ist in erster Linie für Firmen konzipiert, die sich in der Anfänger- oder Fortgeschrittenenphase der Anwendung von Projektmanagement befinden und soll ihnen dabei helfen, klar umrissene Richtlinien zu etablieren, die auf verschieden Projekte angewendet werden und dadurch auf die bestmögliche Art und Weise ausgeführt werden können. Eine Organisation kann daher diese Buch auf zweierlei Arten anwenden:

Erstens: Als Trainigswerkzeug und Referenz für die Angestellten im Projektmanagement.

Zweitens: Als Einstiegspunkt zur Revision der Projektfortschreitung wie in der nachstehenden Tabelle erläutert:

Einstiegspunkt	Wie das Buch zu benutzen ist
1 Genehmigung, die Projektplanung zu beginnen	Für den Beginn der Projektplanung muss ein sog. „Projektbuch" angelegt werden. Das ist ein Ringbinder, in dem die erste Sektion (Initiierung) ausgefüllt und vom obersten Management abgezeichnet ist.
2 Genehmigung, die Projektausführung zu beginnen	Ein Budget wird einem Projekt nicht zugeteilt und es wird nicht ausgeführt bevor die Sektion über Projektplanung mit allen Vorlagen ausgefüllt, überprüft und vom obersten Management abgezeichnet ist.
3 Das Projekt offiziell als komplett und abgeschlossen zu erklären	Ein Projekt wird als abgeschlossen angesehen wenn das „Projektbuch" komplett ist.

Bitte beachten: Um die oben genannten Einstiegspunkte umzusetzen, muss die Organisation einige vorbereitende Arbeiten leisten, wie zum Beispiel:

1 Etablierung eines Kommittees (für ein Einzelprojekt oder für die Firma als Ganzes), das sich regelmässig trifft, um die Inhalte des Projektringbinders nochmals zu überdenken und zu überarbeiten.

2 Die Anerkennung des Projektringbinders als offizielle Dokumentensammlung, der sich verschiedene Firmenabteilungen unterordnen (zum Beispiel anerkennt die Finanzabteilung die im Ringbinder enthaltenen relevanten Vorlagen und verwendet sie für die Bereitstellung monetärer Ressourcen).

Kapitel 2
Das Projektbuch

Die "Projektbuch-Methode" basiert auf der Idee, dass für jedes Element der verschiedenen Projektphasen eine Vorlage (Schablone) zur Verfügung steht. Ich möchte an dieser Stelle aber anmerken, dass das Ziel diese Buches es nicht lediglich ist, diese Vorlagen als isolierte Schreibarbeiten auszufüllen. Vielmehr sollen diese Vorlagen zwei Dinge erreichen: Zuerst erlauben uns Vorlagen, in einem Projekt zu progressieren, ohne Elemente der einzelnen Projektphasen zu übersehen. Die Vorlagen bieten dafür einen klaren Rahmen, dem man folgen kann. Zweitens werden während des Prozesses der Ausfüllung der Vorlagen präzise Denkprozesse und Analysen in Gang gesetzt, die sich mit den einzigartigen Anforderungen des jeweiligen Projektes befassen. Um die Ideen des Projektbuches umzusetzen, müssen wir die Vorlagen wie folgt ausfüllen:

1 Jede Vorlage muss eine nach der anderen ausgefüllt werden und in der exakten Sequenz wie im Projektbuch vorgegeben.

2 Sofern möglich, sollen die Vorlagen in der Gruppe ausgefüllt werden und nicht nur vom Projektmanager alleine.

3 Bei der Einfüllung der erforderlichen Daten in die Vorlagen sollte Brainstorming mitspielen.

4 Relevante Dokumentationen sollen besprochen und überdacht werden bevor die jeweilige Vorlage ausgefüllt wird.

5 Die gegenseitige Abhängigkeit von Vorlagen sollte in Betracht gezogen werden. In vielen Fällen werden Informationen zwischen mehreren Vorlagen ausgetauscht. Aus diesem Grund muss man darauf achten, dass die Vorlagen keine widersprüchlichen Informationen enthalten.

6 Das Ausfüllen der Vorlagen ist ein dynamischer Prozess. Wenn sich neue Informationen herausbilden, ist es möglich, eine bereits ausgefüllte Vorlage nochmals zu überarbeiten und die Einträge dementsprechen abzuändern oder anzupassen.

Als ich die in diesem Buch enthaltenen Vorlagen entwarf, versuchte ich, jede eiznelne auf ihrer eigenen Seite unterzubringen. Ich glaube daran, dass eine Korrelation zwischen dem Umfang einer Vorlage und ihrer Simplizität besteht. Dies bedeutet jedoch nicht, dass eine bestimmte Vorlage innerhalb weniger Minuten ausgefüllt werden kann, nur weil ihr relativ geringer Umfang das so suggerieren mag. Im Gegenteil: Es wird erwartet, dass während des Ausfüllens einer Vorlage viele Dokumente herangezogen werden, dass fruchtvolle Diskussionen zwischen den Mitarbeitern des Projektteams stattfinden. Ich vergleiche diesen Prozess gerne mit einem teuren Parfüm. Für die Herstellung einer winzigen Menge benötigt man zahllose Blütenblätter.

Das nachfolgende Diagramm soll aufzeigen, weshalb ich solch einen großen Respekt vor Vorlagen hege. Vorlagen sind die Starthilfe für viele Prozesse, die direkt oder indirekt zu einem Projekterfolg beitragen.

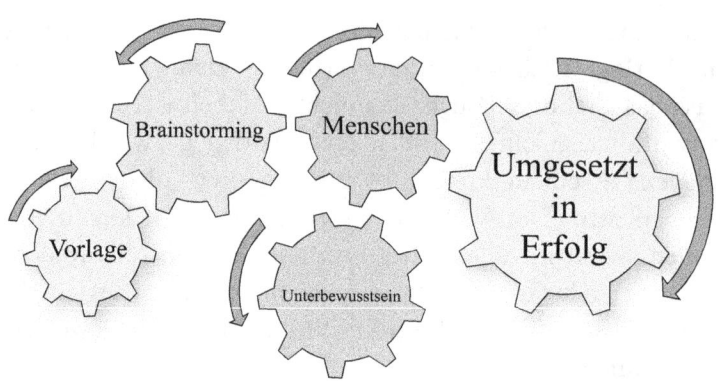

Das Projektvorlagen-Modell

Vorteile der Benutzung von Vorlagen

- Sie vermindern Disorganisation und schaffen ein Gefühl der Kontrolle beim Managen eines Projektes.

- Sie schaffen ein ziemlich konkretes Gefühl für die verschiedenen Elemente der Projektphasen, indem sie jedes einzelne Element dokumentieren. Das vereinfacht es, über diese Elemente nachzudenken, denn sie bestehen nicht lediglich als abstrakte Ideen.

Anmerkungen:

- Ich habe bereits erwähnt, dass jede Vorlage separate ausgefüllt werden muss. Der Grund dafür ist, dass man beim Ausfüllen einer Vorlage oft Daten aus vorherigen Vorlagen heranziehen muss. Dieser Umstand kreiert Interpendenz zwischen einzelnen Vorlagen und gibt dem Projektmanager mehr Vertrauen in ihre Verlässlichkeit, was ihn/sie im Gegenzug dazu bewegt, sie auch zu benutzen.

- Es ist unmöglich, alle notwendigen Informationen eines Projektelementes in einer einzigen Vorlage zusammenzufassen. Außerdem benötigt jede Firma auf ihre unterschiedlichen Projekte speziell zugeschnittene Vorlagen. Ich empfehle deshalb, dass Sie sich nach dem Studium dieses Buches alle darin enthaltenen Vorlagen nochmals genau anschauen und sie Ihren Bedürfnissen entsprechend abändern. Sie mögen es beispielsweise vorziehen, die in den Vorlagen benutzte Terminologie durch die Terminologie, die in Ihrer Firma verwendet wird, austauschen (z.B. bevorzugen manche Firmen den Titel "Projektdirektor" oder "Projektkoordinator" anstatt "Projektmanager").

- Als ich die Vorlagen kreierte, war mein Hauptbelangen nicht, sie besonders schön und grafisch künstlerisch zu gestalten, sondern so praktisch wie möglich und alle notwendigen Informationen enthaltend.

- Besonders gefährlich ist die "Copy/Paste"-Methode des Ausfüllens. Wenn ein Projektmanager nur einfach Informationen aus Vorlagen vorheriger ähnlicher Projekte kopiert, dann geht die Essenz einer Vorlage verloren. Zudem wird bei solcher Vorgehensweise die einzigartige Natur eines Projektes nicht gewürdigt. Vorlagen werden zu schlichten beschriebenen Papierbögen degradiert, die isoliert von der Realdurchführung des Projektes sind. Ich empfehle deshalb dringendst, jede Vorlage nur handschriftlich auszufüllen, denn dies verhindert das heutzutage mit dem Computer so einfache Kopieren und Übertragen von Daten.

Brainstorming

Unter "brainstorming" versteht man eine Technik des Generierens so vieler verschiedener Ideen wie möglich zur Lösung eines bestimmten Problems. Brainstorming ist eine effective Methode, die simple Methoden benutzt, um das Nachdenken zu fördern. Einige Beispiele sind: Das Verbalisieren von Gedanken, das Teilen von Gedanken mit anderen Personen oder das Niederschreiben von Gedanken auf einer großen Tafel, damit auch andere sie sehen und zu ihnen beisteuern können.

Die Benutzung von Brainstorming beim Ausfüllen von Vorlagen ist eines der wichtigsten Ziele, die dieses Buch beim Leser erreichen will; und zwar aus den folgenden Gründen:

- Brainstorming bedarf der Teilnahme mehrerer Personen, denn es sollen so viele Ideen wie möglich generiert werden;

- Das Ausfüllen von Vorlagen mit Hilfe von Brainstorming reduziert die Chance für "Copy/ Paste", da die Teilnehmer neue und innovative Ideen produzieren;

- Brainstorming hilft bei der Bildung eines Projektteams und generiert Harmonie, da die Teilnehmer zusammenarbeiten und Ideen miteinander teilen müssen. Das shcafft Vertrauen und gegenseitiges Verständnis.

Wie man die größtmögliche Anzahl von Ideen zusammenträgt

Man kann die Anzahl der während eines Brainstorming produzierten Ideen maximieren, indem man den nachfolgenden Regeln folgt:

1 Laden Sie eine angemessene Anzahl an interessierten Teilnehmern ein (eine gute Anzahl ist 3 bis 7 Personen, doch dies hängt von der Situation, den Bedürnissen des Projektes und Ihrem Urteilsvermögen ab).

2 Leiten Sie die Diskussion, indem Sie sie moderieren. Schreiben Sie eingebrachte Ideen nieder und stellen Sie sicher, dass jeder Teilnehmer die Chance hat, zu Wort zu kommen.

3 Erklären Sie das Problem oder die vorherrschende Situation ausführlich, damit nur spezifische Ideen eingebracht werden.

4   Ermutigen Sie jeden Teilnehmer, seine Gedanken auszudrücken.

5   Benutzen Sie eine großformatige Schreibtafeln, um die Ideen niederzulegen.

6   Legen Sie das Hauptaugenmerk auf die Quantität der eingebrachten Ideen, nicht deren Qualität (diese wird zu einem späteren Zeitpunkt beurteilt).

7   Benutzen Sie Techniken wie die Aufschlüsselung in Gruppen von verwandten Ideen und verwenden Sie diese Ideengruppen zur Generierung weiterer Gruppen. Wenn Sie feststellen, dass einige Teilnehmer sich nicht aktiv beteiligen, fordern Sie sie dazu auf, ihre Ideen auf einem Stück Papier niederzuschreiben.

8   Ermutigen Sie alle Teilnehmer und vermeiden Sie soweit wie möglich jegliche Konflikte.

Wie man Vorlagen mit der Hilfe von Brainstorming ausfüllt

Beachten Sie bitte nochmals, dass der Projektmanager bei Brainstormingtreffen als Moderator agieren sollte, indem er das folgende tut:

Erstens: Vorbereitung auf die Besprechung

1   Legen Sie den Grund für die anstehende Besprechung fest (in unserem Beispiel ist der Grund die Ausfüllung einer Vorlage).

2   Laden Sie Leute ein, von denen Sie denken, dass sie an dem Projekt interessiert sind und sich daher auch mit höchster Wahrscheinlichkeit aktiv an der Diskussion beteiligen und Ideen generieren.

3   Breiten Sie sich selbst auf die Besprechung vor. Besipielsweise sollten Sie vor Beginn der Besprechung über Fragen nachdenken, die Ideen von den Teilnehmern stimulieren.

4   Breiten Sie die Logistik der Besprechung vor. Dazu gehört zum Beispiel die Reservierung des Besprechungszimmers und die Bereitstellung von Schreibutensilien.

Zweitens: Während der Besprechung

1   Teilen Sie die Besprechung in zwei Teile auf. Der erste dient zur Generierung von Ideen, der zweite zur Beurteilung dieser Ideen und der Finalisierung der zu erstellenden Vorlage.

2   Verteilen Sie Kopien der Vorlage, damit die Teilnehmer darüber diskutieren können. Erläutern Sie den Grund für das Brainstorming (in unserem Fall: die Ausfüllung der Vorlage mit den bestmöglichen Ideen).

3   Starten Sie die Diskussion und ermutigen Sie den Ideenfluss. Schreiben Sie die deen nieder.

4   Wenn eine ordentliche Anzahl von Ideen generiert wurde, beurteilen Sie sie in der Gruppe und wählen Sie die besten aus.

5   Füllen Sie die Vorlage aus.

> Die Grundidee von Brianstorming mag recht simple erscheinen (und ist es auch). Unglücklicherweise wird Brainstorming im Projektmanagement nicht oft praktiziert, vielleicht weil es mehr Zeit in Anspurch nimmt, Ideen zu generieren und Entscheidungen in der Gruppe zu fallen als das alles alleine zu bewerkstelligen. Brainstorming verlangt vom Projektmanager außerdem eine ziemlich demokratische Grundhaltung und die Bereitschaft, die Ansichten anderer zu akzeptieren. Deshalb sollte Brainstorming stets vorausgeplant und effizient gemanaged werden, damit langatmige Besprechungen vermieden, die von den Teilnehmern als langweilig und eine Zeitverschwendung angesehen werden könnten.

Beispiele in diesem Buch

In diesem Buch finden Sie ein vollständiges Beispiel zur Vorbereitung eines Projektringbinders. Das illustrierte Beispiel ist dabei für ein städtisches Projekt, nämlich die Errichtung eines Parks in einer Wohnsiedlung. Das Buch enthält außerdem ein Sekundärbeispiel für die Planung einer Abendessenrunde, das illustrieren soll, dass man die Projektbuchmethode auch für persönliche Projekte einsetzen kann und nicht nur Firmenprojekte. Behalten Sie sich deshalb in Erinnerung, dass Sie die Projektbuchmethode für jedes Projekt verwenden können, egal wie groß oder klein es sein mag und in welchem Feld.

Anmerkung: In Kapitel 8 werden Sie die Möglichkeit haben, das Zusammenstellen von Projektbüchern zu üben. Sie werden zwei Übungen vorfinden, eine zur Zusammenstellung einer Webseite, die andere zur Planung eines Familienurlaubes.

Der Rahmen des Projektbuches

Ich habe bereits mehrmals die Elemente des Projektbuches und dessen Rahmen erwähnt, jedoch ohne beides ausreichend zu erklären. Unsere Reise durch die verschiedenen Eelemente beginnt mit dem nächsten Kapitel. Wir werden uns jedes Element einzeln anschauen und die korrespondierenden Vorlagen ausfüllen. Deshalb: Aufsitzen!

Die nachfolgende Grafik illustriert den Rahmen des Projektbuches, einschließlich der verschiedenen Elemente eines Projektes:

1 Projekt-initiierung	Geburt einer Idee
	Rentabilitaet
	Durchfuehrbarkeit der Idee
	Projektcharter

2 Projekt-planung	Teamcharter
	Ueberarbeitung der gelernten Lektionen
	Interessenvertretermanagement
	Informationsmanagementplan
	Projektumfang
	Projektdesign
	Qualitaetsplan
	Zeitplan
	Geld und Ressourcen
	Auswahl der Vertragsfirmen
	Managementaenderungs- und Fortschrittsberichtsplaene
	Risikomanagement

3 Projekt-ausfuehrung	Ausfuehrung der Vorlagen und der Projektwandtafel
	Projektueberwachung

4 Projekt-abschluss	Gelernte Lektionen
	Projektabschluss

Kapitel 3
Projektinitiierung

Ein Projekt beginnt gewöhnlich mit einer Idee, wie man eine Reihe bestimmter Ziele zu bewerkstelligen gedenkt. Nicht alle Ideen sind jedoch dazu geeignet, in Projekte umgewandelt zu werden. Hier kommt deshalb die Initiierungsphase ins Spiel, während der man gewisse Ideen von jenen Ideen aussondert, die sich aus dem einen oder anderen Grund nicht zur Umsetzung in ein Projekt eignen. Man kann daher die Initiierungsphase auch als Vorphase eines Projekts bezeichnen. Sie dient folgenden Aufgaben:

- Präsentation einer Idee und deren Potential, in ein Projekt umgesetzt zu werden;

- Demonstration, dass das durch die Idee anvisierte Projekt das Potential besitzt (auf kurze oder lange Sicht) den Firmenobjektiven zuzutragen;

- Absicherung offizieller Absegnung zur Ausarbeitung des Projektplans;

- Ernennung eines Projektmanagers.

Um die oben aufgeführten Punkte zu erfüllen, werden wir zwei Vorlagen zu Hilfe nehmen: die Durchführbarkeitsstudie und die Projektcharter (eine Vorlage, die man gewissermaßen als die "Geburtsurkunde" oder den "Personalausweis" eines Projekts ansehen kann). Normalerweise, sobald eine Idee akzepiert worden ist, wird zum Ende dieser Phase ein Projektmanager ernannt. Doch im frühen Stadium dieser Phase ist jene Person, der die Idee präsentiert und daher auch für die Ausfüllung der benötigten Vorlagen verantwortlich ist, nicht auch automatisch der Projektmanager sein. In manchen Fällen mage s jedoch möglich sein, bereits in diesem Frühstadium einen geeigneten Projektmanager zu identifizieren. Es wäre dann sehr vorteilhaft, wenn jener in die Ausfüllung der Vorlagen mit einbezogen würde.

Die Geburt einer Projektidee

Die Idee für ein Projekt – egal ob klein oder groß – entspringt den grauen Zellen eines Individuums. Die Gründe für solche Ideen sind vielerlei:

- Befriedigung organisatorischer Ziele und Objektiven;

- Selbst- oder Firmenverbesserung;

- Reaktion zu neuen Gesetzen;

- Reaktion zu einer herausforderung (z.B. Beweis einer wissenschaftlichen Theorie);

- Abenteuerlust (z.B. Besteigen eines hohen Berges).

Beispiel: Bau eines Gemeindeparks

- Geburt der Projektidee

Von hier an wollen wir uns am Beispiel dieses Parks orientieren. Wir wollen annehmen, dass in der Stadtverwaltung einer bestimmten Stadt eine Landschaftsarchitektin namens Amanda tätig ist. Amanda schickt eine eMail an ihren Chef, in der sie vorschlägt, am Nordrand der Stadt einen Park einzurichten.

Amanda unterstützt ihre Idee mit einigen Fakten, zum Beispiel der Tatsache, dass in diesem Bezirk gegenwärtig keinerlei öffentliche Parks existieren und dass das vorgeschlagene Bauland brach liegt. Zusätzlich erwähnt Amanda, dass die Einrichtung eines Parks sich mit den Objektiven der Stadt deckt, den Einwohnern der verschiedenen Nachbarschaften genügent öffentliche Grünflächen zur Verfügung zu stellen.

Dem Chef der städtischen Parkverwaltung gefällt Amandas Idee. Er sagt ihr, falls die Idee akzeptiert wird, würde er sie zur Projektmanagerin ernennen. Er weist sie an, eine Durchführbarkeitsstudie für den vorgeschlagenen Park zu erstellen, die sie dann während der allmonatlichen Managementbesprechung präsentieren kann. Er weist sie außerdem an, sich mit dem Stadtplanungsamt kurzzuschließen, um sicherzustellen, dass der vorgeschlagene Standort des Parks auch tatsächlich verfügbar ist.

Projektdurchführbarkeitsstudie

Von nun an werden die weiteren Sektionen dieses Buches jeweils dem selben Muster folgen:

- Erstens: Das entsprechende Projektmanagementelement wird erklärt.

- Zweitens: Die relevante Vorlage für das betreffende Element wird ausgefüllt, wobei wir uns stets am Beispiel des Gemeindeparks orientieren. Das Ausfüllen der Vorlage mit den jeweiligen Daten des Beispiels sollte die Vorlage bereits in sich selbst erklären helfen.

- Drittens: Die Vorteile des Ausfüllens der Vorlage werden erläutert.

Neue Ideen werden gemeinhin mit großem Enthusiasmus eingebracht. Das mag bisweilen die objektive Begutachtung und Bewertung von Effektivität und praktischer Anwendbarkeit behindern. Hier kommt die Durchführbarkeitsstudie ins Spiel. Nachdem die Idee eingebracht wurde, erörtern wir zunächst ihre Nützlichkeit, indem wir die folgenden Fragen stellen:

- Brauche ich (oder die Organisation) dieses Projekt wirklich?

- Kann ich (oder die Organisation) das Projekt wirklich aus- und zu Ende führen?

Eine Durchführbarkeitsstudie ist dahingehend wichtig, dass sie uns hilft, zu entscheiden, ob wir das Projekt in Angriff nehmen oder nicht. Wenn nämlich die Planungsphase erst einmal angelaufen ist, dann wird erhebliche Zeit (und zuweilen auch Ressourcen) investiert. Man muss sich deshalb von vornherein klar darüber sein, ob die Projektidee eine Ausführung wert ist.

Die Beauftragung einer spezialisierten Firma mit der Durchführbarkeitsstudie

Eine Durchführbarkeitsstudie ist dazu gedacht, die Unsicherheiten und Undurchsichtigkeiten, die mit der Geburt der allermeisten Projekte einhergehen, zu vermindern. Manchmal kann eine Organisation diese Unsicherheiten selbst jedoch nicht genug reduzieren, um den Mut zu fassen, das Projekt auch zu beginnen, besonders wenn es sich um ein umfassendes und innovatives Projekt handelt.

In solch einem Fall mag sich die Organisation dazu entschließen, die Dienste einer auf Durchführbarkeitsstudien spezialisierten Firma in Anspruch zu nehmen. Das mag Kosten verursachen, hilft jedoch bei der Verhinderung zweier möglicher Gefahren:

Erstens: Ein Projekt wird begonnen, das nicht erfolgreich zu Ende geführt werden kann.

Zweitens: Ein Projekt, das für die Organisation von Vorteil wäre, wird erst gar nicht in Angriff genommen.

Die Vorlage, die wir zur Abschätzung und Beurteilung der Durchführbarkeit einer Idee verwenden werden, ist so ausgelegt, dass sie uns einen strategischen Blick auf das Projekt ermöglicht und wie gut sich das Projekt mit unseren organisatorischen Zielen vereinbart. Abhängend von der Erfahrung der Firma mit dem ins Auge gefassten Projekt, werden Sie nach Ausfüllung der Vorlage aber vielleicht feststellen, dass viele Informationen fehlen. In solch einem Fall mögen Sie die Beauftragung einer spezialisierten Firma zur Ausführung einer Durchführbarkeitsstudie erwägen. In diesem Fall empfehle ich Ihnen die Anlegung eines separaten Projektringbinders, der dazu dient, die Durchführbarkeitsstudie selbst als unabhängiges Projekt zu behandeln; und dieses Projekt endet sodann mit der Überreichung eines Reports über die Durchführbarkeit der eigentlichen Projektidee an sich.

Investitionsrendite

Die Beauftragung einer spezialisierten Firma mit der Durchführbarkeitsstudie birgt viele Vorteile, wie bereits erwähnt. Nehmen Sie zum Beispiel eine Firma, die ein Investitionsprojekt in Angriff nimmt mit dem Ziel, daraus Geld zu erwirtschaften; zum Beipiel eine Investition in ein neues Produkt oder den Bau eines Hotels. In solch einem Fall ist es sehr wichtig, den Wert der Investition abzuwägen, indem man die sogenannte Investitionsrendite (IR) kalkuliert. Mit Hilfe mathematischer Formeln stellen das investierte Kapital den über mehrere Jahre zu erwartenden progressive Renditen gegenüber, um abzuschätzen, ob das Projekt profitabel sein wird und die zu erwartenden Profite die eingebrachten Kosten überwiegen. Wenn eine Kalkulation der IR vonnöten ist, die das Projekt ins Auge fassende Orgaisation jedoch hinsichtlich dessen wenig Erfahrung hat, dann wäre es eine exzellente Idee, damit eine spezialisierte Firma zu beauftragen.

Wie auch immer, die IR ist nicht immerzu finanzieller Natur. Nicht alle Projekte werden durchgeführt, um monetären Profit zu generieren. Wenn das Projekt zum Beispiel eine

Urlaubsreise ist, dann ist die Rendite der Investition (d.h. die bezahlten Reisekosten) schlichtweg die Freude und der Spaß an der Reise. Ich habe daher auch eine Vorlage für nicht-finanzielle Investitionsrendite zusammen gestellt. Diese kann man der Durchführbarkeitsstudienvorlage anhängen, um der Projektidee mehr Gewicht zu verleihen. Das nachfolgende Besipiel wird diesen Punkt demonstrieren.

Beispiel: Einrichtung eines Gemeindeparks

Die folgende Vorlage repräsentiert die Durchführbarkeitsstudie (einschließlich der IR) für den Bau eines öffentlichen Gemeindeparks. Die Vorlage sollte von der selben Prson ausgefüllt werden, die auch die Idee hatte.

> Nun beginnen wir also tatsächlich endlich mit der Benutzung der Vorlagen. Sie werden feststellen, dass sie von 1 bis 23 durchnummeriert sind. Die Ausfüllung jeder Vorlage soll gleichzeitig deren einzelne Elemente selbsterklärend machen (was von Anfang an meine Absicht war).

Vorlage 1

Nicht-finanzielle Investitionsrendite (Rentabilität)

Erwartete Rendite	Chance, die Rendite zu erzielen	Vernetzung mit Zielen der Organisation	Kosten
Bereitstellung einer neuen Dienstleistung für die Gemeinde	Hoch	Hoch	Projektbudget
Gemeindemitglieder zum Sporttreiben ermutigen um ihre Gesundheit zu verbessern	Mittel	Hoch	Die durch den Projektmanager dem Projekt gewidmete Zeit
Tourismus ankurbeln	Hoch	Hoch	Administrativer Aufwand zur Vorbereitung des Vertrages
Überfüllung in anderen Parks vermindern	Mittel	Hoch	
Beitrag zum Umweltschutz durch Anpflanzen von Bäumen	Hoch	Hoch	
Chance erhöhen, dass die Stadt den Titel „Schönste Stadt der Welt" in dem gerade laufenden Wettbewerb gewinnt	-	Hoch	

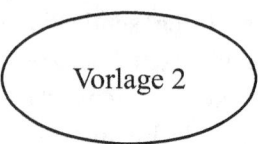

Vorlage 2

Ausführbarkeitsstudie

Beschreibung der Idee
Errichtung eines Parks im nördliche Teil der Stadt mit Grünflächen und einem Kinderspielplatz.
Verfügbare Alternativen
Der Park wird nicht errichtet, was dann jedoch den Verlust der in der angehängten Vorlage über nicht-finanzielle Rentabilität beschriebenen Vorteile zur Folge hat.
Verfügbarkeit der Finanzierung
Das benötigte Budget wird auf etwa 4 Millionen Euro geschätzt. Die Finanzabteilung wurde kontaktiert und die Finanzierung wird bereit gestellt sofern das Projekt vom oberen Management genehmigt wird.
Kann die Idee technisch durchgeführt werden?
Die Errichtung des Parks verlangt nach keinerlei technischen Mitteln die nicht bereits am Markt jederzeit verfügbar sind.
Personalverfügbarkeit zur Betreibung des Projektes
Ein Projektmanager wird von der Parkverwaltung abkommandiert.
Konflikte mit anderen Projekten
Es existieren keine Konflikte. Das Straßenbauamt wurde kontaktiert, um sicherzustellen, dass keine Straßen auf dem vorgeschlagenen Gelände des Parkt geplant sind.
Empfehlungen
Die Idee wurde während der monatlichen Besprechung des obersten Managements diskutiert und der Start zur Planung des Projektes wurde genehmigt. Die Genehmigung wurde am 16. April 2010 unterzeichnet von: Finanzmanager, Manager für Strategische Planung, Straßenbaumanager und Manager der Parkverwaltung.

Wir nehmen an dieser Stelle an, dass die oben dargestellten Vorlagen während der Besprechung der Top-Manager in der Stadtverwaltung vorgelegt und akzeptiert wurden. Unsere imaginäre Amanda kann nun mit der Projektplanung beginnen. Dafür legt sie einen Projektringbinder an, in den sie alle im Projektbuch besprochenen Vorlagen abheftet.

Vorteile der Verwendung dieser Vorlagen

1 Man identifiziert und dokumentiert die Vorteile, die aus dem Projekt erwartet werden.

2 Man beginnt den Prozess, eine Idee in ein Projekt umzusetzen.

3 Man beginnt, über mögliche hürden nachzudenken, die das Projekt befallen könnten.

4 Man stellt sicher, dass sich der Output des Projektes mit den Objektiven der Organisation deckt.

Projektcharter (die "Geburtsurkunde" od. der "Personalausweis eines Projekts)

Wenn die Durchführbarkeitsstudie ausgeführt wurde und das Projekt die Absegnung erhalten hat, kann man sich der Planungsphase zuwenden. Man kann die Projektcharter wie die "Geburtsurkunde" eines Projekts auffassen. Sie enthält die folgenden essentiellen Informationen:

Projektname

Es ist wichtig, einen aussagekräftigen Namen für das Projekt auszuwählen, denn er erleichtert später die Kommunikation. Vermeiden Sie allzu lange und komplexe Namen. Jene führen nur zur Kreierung verschiedener Abküzungen durch in dem Projekt involvierte Personen, was alsbald in Verwirrung resultiert. Man mage s vielleicht sogar vorziehen, einem Projekt eine Referenznummer zu verleihen, die einen Bezug zu spezifischen firmeninternen Systemen hat, zum Beispiel dem Finanz- oder dem Vertragssystem.

Startdatum des Projektes

Man kann als Startdatum das Datum heranziehen, an dem das Projekt als Resultat der Durchführungsstudie die offizielle Absegnung erhielt. Sie sollten es bei an dem Projekt Beteiligten klarstellen, dass dieses Datum lediglich den Beginn der Planungsphase signifiziert, nicht jedoch die Projektausführung.

Auswahl des Projektmanagers

Die Auswahl des geeignetsten Projektmanagers wird später unermesslichen Einfluss darauf haben, ob das Projekt erfolgreich oder nicht erfolgreich verläuft, denn er ist der Aufsichtsführende und fällt alle Entscheidungen. Die Auswahl sollte durch das Top Management durchgeführt werden. Das verleiht dem Projektmanager mehr Entscheidungskraft in der Durchführung des Projektes und sichert ihm größere Unterstützung sollte er um Hilfe und zusätzliche Ressourcen von anderen Firmenabteilungen anfragen. In vielen Fällen wird jene Person, die die Projektidee hatte, zum Projektmanager ernannt. Man sollte jedoch bei der Auswahl stets die folgenden Punkte in Betracht ziehen:

- Das Wissen und die Erfahrung des Individuums auf dem Gebiet des Projektmanagement;

- Das Wissen und die Erfahrung des Individuums auf technischen Gebieten, die für das Projekt herangezogen werden müssen;

- Das Wissen des Individuums bezüglich firmeninterner Richtlinien und Prozeduren;

- Die Fähigkeiten des Individuums bezüglich Kommunikation und Anführerschaft;

- Die zeitliche Verfügbarkeit des Individuums, da er/sie das Projekt von Anfang bis zum Abschluss beaufsichtigen und leiten muss.

Grundziele des Projektes

Die Ziele des Projektes werden in der Durchführbarkeitsstudie kurz angerissen. Sie müssen nach nochmaliger Überprüfung möglicherweise abgeändert werden, um die Absegnung des Projektes zu erwirken. Jetzt kommt Ihre Chance, die Originalobjektiven zu dokumentieren und klar zu manifestieren, den wenn das Projekt erst einmal durch seine Lebenszyklen progressiert, können die Originalideen leicht vergessen; oder man weicht von ihnen ab. Es ist daher hilfreich, wenn man jederzeit die Projektcharter einsehen kann, um nachzuprüfen, ob das Projekt weiterhin auf einer Linie mit den Originalzielen verläuft.

Genehmigung und Unterschriften

Die Projektcharter ist ein offizielles Dokument und sollte vom Top-Management abgezeichnet werden. Wenn möglich, sollte sie auch vom Generalmanager unterzeichnet werden. Diese Blatt Papier ist quasi der "Erlaubnisschein" für den Projektmanager, Ressourcen anzufordern. Außerdem stellt es ein Dokument dar, mit dessen Hilfe er/sie eggenüber anderen seine Handlungen/Aktionen rechtfertigt.

Beispiel zur Einrichtung eines öffentlichen Gemeidneparks: Das Ausfüllen der Projektcharter

Anmerkung: Der ernannte Projektmanager sollte diese Vorlage selbst ausfüllen. In unserem Beispiel ist das also Amanda. Sie hat zusammen mit dem Manager der Parkverwaltung ein Brainstorming durchgeführt und sich für "REEM" als Projektnamen für den Park entschlossen. Die nachfolgende Vorlage ist die Projektcharter, die für den Park ausgefüllt wurde.

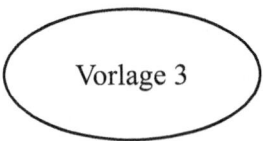

Vorlage 3

Projektcharter

Projektname	REEM Gemeindepark
Projekt Nr.	2-P-2010
Erwartete Dauer	1,5 Jahre (18 Monate)
Erwartetes Budget	2 Millionen Euro
Projektziele	Park mit Grünflächen, Spazierwegen und einem Kinderspielplatz als Erholungs- und Freizeitort für die Einwohner des nördlichen Stadtteils.
Projekteigner	Parkverwaltung
Projektmanager	Amanda Schmidt, Ing.
Startdatum	1. Juni 2010
Unterschrift	[der Generalmanager]

Vorteile der Verwendung dieser Vorlage:

1   Sie hat das Projekt offiziell gestartet.

2   Ein Projektname wurde gewählt und ein Projektmanager wurde eingesetzt.

Kapitel 4
Anfängliche Planung

Ich habe die Planungsphase in zwei Kapitel aufgeteilt, "Anfängliche Planung" und "Endgültige Planung". Das geschah, um das Risikomanagement in einem separaten Kapitel abzuhandeln, das ich "Endgültige Planung" benannte. Risikomanagement ist von kritischer Wichtigkeit im Projektmanagement, denn es hinterfragt die Qualität aller anderen Planungselemente und hat das Potential, diese abzuändern oder anzugleichen. Wenn Sie sic him Risikomanagement engagieren, fällt es Ihnen anheim, die gesamte Planung nochmals auf Herz und Nieren zu überprüfen. Wenn das Risikomanagement abgeschlossen ist, dann sind Sie bereit, mit der Ausführung Ihres Projektes zu beginnen. Das separate Kapitel wurde eingerichtet, um die Wichtigkeit von Risikomanagement klar hervorzuheben; aber auch aus organisatorischen Gründen.

Die Projektplanungsphase mag die wichtigste aller Projektphasen darstellen. Unglücklicherweise wird sie bisweilen ignoriert, wie ich schon zu Anfang dieses Buches geschrieben habe. Meine Absicht in diesem Kapitel ist, die einzelnen Planungselemente nacheinander durchzugehen und zu erklären und sodann die respektive Vorlage auszufüllen, deren Endprodukt der "Projektplan" ist. Einen rojektplan zur Verfügung zu haben, hilft Ihnen wie folgt:

- Er ist ein Leitfaden, dem man während der Projektausführung folgen kann. Ich habe bereits erwähnt, dass zu Beginn eines Projektes oft Ungewissheit herrscht. Einen Plan zur Verfügung zu haben, in dem alle Ideen, Analysen und Erwartungen aufgeführt sind, vereinfacht die Navigation für den Projektmanager und hilft ihm dabei, das Projekt selbstbewusst auszuführen.

- Ein Projektplan agiert als "Benchmark" gegen den man den aktuellen Projektfortschritt vergleichen kann. Das hilft us dabei, zu sehen, ob das Projekt in seinem Zeitrahmen verläuft, ob es über Budget oder unter Budget ist, und so weiter.

Anmerkung: So mancher mag der Auffassung sein, ein Projektplan stele lediglich ein Diagramm dar, das die Projektaufgaben über eine bestimmte Zeitperiode beschreibt. Ich möchte es an dieser Stelle jedoch klarstellen, dass ein Projektplan weitaus mehr als ein simpler Zeitplan ist. Ein Zeitplan ist lediglich Teil eines Projektplanes. Sehen Sie einen Porjektplan stattdessen eher als einen Masterplan an, in dem viele kleinere Pläne zusammengefasst sind; eben so wie auch der Inhalt eines Ringbinders in viele Untersektionen aufgeschlüsselt ist. Innerhalb des Rahmenkonzepts des Projektbuches besteht der Projektplan aus den folgenden Elementen/ Teilplänen:

- Projektteam-Plan;

- Interessenvertretermanagementplan;

- Informationsmanagementplan;

- Projektrahmen;

- Projektentwurf;

- Projektqualitätsplan;

- Projektzeitplan;

- Projektbudget- und Ressourcenplan;

- Auftragnehmermanagementplan;

- Pläne zum Austausch des Managements und zur Berichterstattung über den Projektfortschritt; und

- Risikomanagementplan.

In den folgenden Sektionen werden wir uns jedes dieser Elemente näher betrachten.

Der Projektteam-Plan

Mit großer Wahrscheinlichkeit werden Sie – der Projektmanager – Mitarbeiter benötigen, die Ihnen bei der Ausführung des Projektes helfen. Im organisatorischen Kontext wäre es ideal, wenn Sie direkte Autorität über diese Mitarbeiter hätten, ihnen Aufgaben übertragen, ihre Arbeit überwachen und ihre Leistungen bewerten könnten. In manchen Fällen sind die Mitarbeiter aber nicht Ihrer direkten Autorität unterworfen und Sie werden einigen Aufwand betreiben müssen, um sich deren Kooperation zu sichern. Wir wollen verschiedene Situationen diskutieren und das Verhältnis beleuchten, das zwischen dem Projektteam und dem Projektmanager vorherrschen mag:

Erste Situation: Das Projektteam ist unter der direkten Autorität des Projektmanagers.

Dies ist die idealste Situation. Hier wird von den Mitlgiedern des Projektteams vollste Aufmerksamkeit und Hingabe gegenüber dem Projekt erwartet. Die Situation tritt ein, wenn der Projektmanager innerhalb der Firma bereits eine Managementposition innehält und das Projektteam aus Angestellten zusammensetzt, die sich sowieso bereits unter seiner Aufsicht befinden. Eine andere Situation wäre es, wenn das Topmanagement der Organisation offiziell ein Team ernennt, das angewiesen wird, dem Projekt vollste Aufmerksamekeit zu widmen und den Initiativen des Projektmanagers strikt zu folgen.

Zweite Situation: Das Projektteam ist nicht unter der direkten Aufsicht des Projektmanagers.

Diese Situation ergibt sich vorwiegend in Organsiationen, die der traditionellen Firmenstruktur folgen, Angestellte auf verschiedene Abteilungen zu verteilen (das System ist auch als "funktionelle Organisationsstruktur" bekannt). In diesem Fall werden die Mitgleider des

Projektteams aus verschiedenen Abteilungen zusammengewürftelt. Es wird erwartet, dass sie sowohl unter ihren jeweiligen Abteilungsleitern als auch unter dem Projektmanagers arbeiten. In den meisten Fällen werden sie sich dabei eher auf ihre regulären Aufgaben als auf die Projektaktivitäten konzentrieren, den ihre alljährliche Leistungsbewertung hängt davon ab, wie gut sie ihre regulären Aufgaben erledigt haben. Der Projektmanager sollte hier verschiedene Methoden anwenden, die die Verpflichtung des Projektteams gegenüber dem Projekt sicherstellen.

Da der Projektmanager aber nicht als die formelle Autorität über das Projektteam angesehen wird, ist eine der besten Arten, das Interesse des Teams zu gewinnen, den Teammitgliedern die Ziele und Objektiven des Projekts als vorteilhaft sowohl für sie als auch für die Organisation darzustellen. Der Projektmanager muss außerdem Kommunikation mit den Abteilungsleitern der einzelnen Projektteammitglieder etablieren und mit ihnen zu einer Übereinkunft kommen, dass sie ihre Angestellten anweisen, dem Projekt ausreichend Arbeitszeit zu widmen.

Dritte Situation: Es existiert kein Projektteam (d.h. der Projektmanager wird das Projekt alleinig ausführen).

Diese Situation stellt sich ein, wenn der Projektmanager in einer Organisation beschäftigt ist, die normalerweise einen Konsultanten zum Design und ein Vertragsunternehmen zur Durchführung ihrer Projekte beauftragt. Selbstverständlich würde aber Ihr Projekt (und Sie selbst!) von einem eigenen Projektteam profitieren, selbst wenn es nur kurzfristig besteht. Ich empfehl Ihnen deshalb, dass Sie sich mit einigen Ihrer Kollegen kurzschließen und vereinbaren, dass man sich für die gegenseitigen Projekte jeweils als Teammitglied "verdingt". Damit meine ich, dass Sie mit Ihren Kollegen kooperieren, die Ihnen ihrerseits freiwillig bei der Ausfüllung von Vorlagen und beim Brainstorming für Ihre Projekte aushelfen. Es versteht sich von selbst, dass Sie das gleiche für Ihre Kollegen tun.

Was erwarten wir voneinander?

Als Projektmanager (d.h. die Einzelperson mit der größten Verantwortung für das Gelingen oder Misslingen des Projektes) erwarten Sie von den Mitgliedern Ihres Projektteams, dass sie das Projekt in sachen Zeit- und Arbeitsaufwand in dem Maße unterstützen, dass jenes erfolgreich verläuft. Sie erwarten außerdem, dass sie bei der Lösung von Probelmen als Gruppe zusammenarbeiten, Konflikte (besonders persönlicher Art) vermeiden und Informationen miteinander teilen. Auf der anderen eite werden Ihre Teammitglieder von Ihnen erwarten, dass Sie bei der Aufgabenverteilung und der Bewertung ihrer Leistungen fair sind und zudem ebenfalls relevante Informationen über das Projekt mit ihnen teilen.

Wie Sie die Produktivität Ihres Projektteams verbessern

- **Ansporn/Ermutigung**

Eine der besten Arten des Ansporns sind (nicht-finanzielle) Belohnungen, z.B. indem Sie ein

Teammitglied für eine gute Idee vor den anderen belobigen. Im Zuge meiner eigenen Arbeit habe ich festgestellt, dass eine simple verbale Anerkennung Mitarbeiter glücklich macht und dass sie sodann ihre ganze Kraft bei einer bestimmten Arbeit einsetzen. Machen Sie es deshalb zu einer Gewohnheit, gute Arbeit anzuerkennen wann immer eine solche Belobigung verdient ist.

- **Training**

Versuchen Sie, die speziellen Anforderungen für das Projekt zu identifizieren und teilen Sie diese (durch Training) mit einigen Ihrer Teammitglieder. Dieses spezifische Training hilft bei der Verbesserung des Projektfortschritts, vermindert Frustrationen assoziiert mit Ungewissheit und wird in vielen Fällen die Moral unter den Teammitgliedern stärken, indem sie sic him Verlauf des Projektes neue Fähigkeiten und neues Wissen aneignen können. Ein Beispiel für solches Training ist, einem Teammitglied die Benutzung einer neuen Software beizubringen oder mehreren Mitgliedern zu lehren, wie man Qualitätsprüfungen durchführt.

- **Informationsaustausch**

Das Teilen neuer Informationen mit dem Projektteam stärkt das Vertrauen zwischen dem Team und dem Projektmanager und gibt den einzelnen Mitgliedern ein Gefühl der Zugehörigkeit (den ihnen werden keine Informationen vorenthalten). Außerdem verhindert das Wissen um die neuesten Projektaktualisierungen (z.B. eingebrachte Änderungen), dass Teammitglieder sich in peinlichen Situationen wiederfinden, die durch Missinformation oder ungenügende Information über den Projektfortschritt resultieren.

Führungsstile

Ich werde bei Führungsstilen nicht allzu sehr ins Detail gehen, den das Thema ist complex und tiefgründig. Ich möchte jedoch zwei Situationen beschreiben, denen man bei Projekten regelmäßig begegnet und die nach verschiedenen Führungsstilen verlangen:

Erste Situation: Die meisten Projektteammitglieder sind Neulinge. In diesem Fall ist es für den Projektmanager am besten, wenn er einen Pfad des Belehrens und Trainierens der Mitglieder beschreitet, denn es fehlt ihnen noch an Erfahrung. Der Projektmanager sollte ihre Leistungen und Entscheidungen verstärkt überwachen, um die Möglichkeit von Fehlern zu minimalisieren.

Zweite Situation: Die meisten Projektteammitglieder sind erfahrene und versierte Angestellte. In diesem Fall ist es das beste für den Projektmanager, dem Team großen Spielraum zu gewähren und Interventionen weitestgehend zu vermeiden. Entscheidungen sollten mit dem Team auf eine mehr interaktive Weise diskutiert werden als es in der vorherigen Situation nötig wäre, denn es ist sehr wahrscheinlich, dass Teammitglieder Kommentare einbringen wollen und sich übergangen fühlen wenn sie in den Entscheidungsprozess nicht mit einbezogen werden.

Auswahl des Projektteams

Wenn Sie Ihr Projektteam selbst auswählen, beachten Sie das folgende:

- Das Wissen und die Erfahrung des Individuums in Projektmanagement und/oder den technischen Aspekten des Projekts;

- Verfügbarkeit des Individuums;

- Fähigkeit des Individuums zur Teamarbeit.

Die Projektteamvorlage

Die zu benutzende Vorlage ist recht simpel aufgebaut. Es werden die Namen und die zugeteilten Aufgaben der einzelnen Teammitglider festgehalten. Wie einfach das auch erscheinen mag, es wird Sie später vor Proeblemen im Fall von Konflikten zwischen einzelnen Teammitgliedern bewahren und Sie werden sich niemals mit überraschenden Worten konfrontiert sehen wie: "Ich weiss nicht, was meine Rolle/Aufgabe ist."

Beispiel REEM Park: Der Projektteam-Plan

Nachdem keine Angestellten direkt unter der Aufsicht Amandas stehen, hat sie einige ihrer Kollegen gebeten, ihr bei ihrem Projekt zu helfen, speziell beim Brainstorming und Planen. Sie hat außerdem den Abteilungsleiter gebeten, ihr eine Sekretärin zur Verfügung zu stellen, die ihr bei den administrative Arbeiten des Projekts zur Seite steht. Nachfolgend ist die Vorlage, die Amanda ausgefüllt hat:

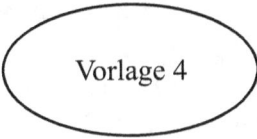

Vorlage 4

Projektteam

Nr.	Name	Aufgetragene Aufgaben	Unterschrift
1	Amanda	Projektmanager: Verantwortlich für die Komplettierung des Projektringbinders und alle weiteren Aspekte des Projektes währen der verschiedenen Projektphasen. Direkt verantwortlich für das Management der Konsultierungs- und Baufirma.	Amanda
2	Ali	Assistiert bei der Komplettierung des Projektringbinders.	Ali
3	Sara	Assistiert bei der Komplettierung des Projektringbinders.	Sara
4	John	Hilft bei administrativen Arbeiten wie z.B. der Vorbereitung von Dokumenten und Memos und bei der Einberufung von Besprechungen.	John

---

- Es ist essentiell, die Projektplanungsphase mit der Auswahl des Projektteams zu beginnen, den Sie brauchen Leute, die Ihnen beim Brainstorming helfen während Sie die Vorlagen ausfüllen. Bite erinnern Sie sich daran, dass ein Schlüsselelement des Projektbuchmodells die Einbindung von Personen ist, die Diskussionen über verschiedene Ideen vorantreiben und dadruch Beurteilungsfehler vermindern helfen, indem nicht nur einseitige Ansichten eingebracht werden.

- Beachten Sie, dass die einzelnen Teammitglieder rechts neben den ihnen zugeteilten Aufgaben ihre Namen zeichnen müssen als Bestätigung, dass sie ihre Aufgabe verstanden und akzeptiert haben.

- Sollten sich im Verlauf des Projektes weitere Aufgaben materialisieren, können Sie jederzeit zu dieser Vorlage zurückkehren und diese zusätzlichen Aufgaben dementsprechend an die geeigneten Teammitglieder vergeben.

Vorteil der Benutzung dieser Vorlage

Sie haben die Mitglieder Ihres Projektteams ausgewählt und jedem klar umrissene Aufgaben übertragen.

Aufarbeitung vorher gelernter Lektionen

Egal wie groß oder klein ein in der Vergangenheit durchgeführtes Projekt gewesen sein mag, es hat etwas zum kollektiven Wissen einer Organisation oder einer Person hinzugefügt. Der Unterschied zwischen aus Projekten gelernten Lektionen und Informationen aus Büchern oder Magazinartikeln ist, dass die aus dem Projekt gelernten Lektionen spezifisch zu der Organisation sind, während Bücher und Magazine eher allgemeine Informationen vermitteln. Firmenspezifische Information identifiziert konkrete Gebiete der Verbesserung, was sodann zu schnelleren und direkteren Resultaten führt. Allgemeine Information bezieht sich in manchen Fällen hingegen vielleicht nicht einmal auf die in einer bestimten Firma vorherrschende Situation. Unsere Ziele bei der Aufarbeitung vorher gelernter Projektlektionen sind:

1 Nochmalige Begutachtung von Kommentaren und Vorschlägen in vergangenen Projekten und die Möglichkeit, diese vielleicht im gegenwärtigen Projekt wieder zu benutzen;

2 Identifizierung vergangener Fehler und Hürden mit der Absicht, dieses Mal zu vermeiden;

3 Identifizierung von in der Vergangenheit übersehenen Gelegenheiten und wie man sie dieses Mal wahrnehmen kann;

4 Komplettierung des Wissensübertragungszyklus, indem wir dieses Mal Erfahrungen und Erkenntnisse aus der Vergangenheit zunutze machen.

Wo wir diese gelernten Lektionen finden

Dokumentation über in der Vergangenheit aus Projekten gelernte Lektion können gefunden werden in:

- Projektmanagementbüro;

- Wissensmanagementbüro;

- der Abteilung, die das Projekt durchführte;

- Firmenarchiv.

Das Aufstöbern relevanter Dokumentationen mag sich zeitraubend und umständlich gestalten, besonders in Firmen, die erst vor kurzem damit begonnen haben, Projektmanagementprinzipien anzuwenden. In vielen Fällen wird man diese gelernte Lektionen nicht wohl organisiert in Berichten wiederfinden (bisweilen mag der Begriff "gelernte Lektionen" überhaupt unbekannt, geschweige den eingesetzt werden). Man sollte jedoch nicht aufgeben. Gelernte Lektionen aus vergangenen Projekten können us einer Fülle von Projektordnern und –reporten zusammengetragen werden, besonders Fortschritt- und Risikoreporten.

Falls Sie keine niedergeschriebenen Informationen über vergnagene Projekte ausfindig machen, können Sie auch eine Besprechung einberufen, zu der Sie die Projektmanager der vergangenen Projekte laden. Wir nennen das eine "Memory Session". Ihr Zweck ist die Dokumentierung von Kommentaren und wichtigen Aspekten der vergangenen Projekte, an die sich die jeweiligen Projektmanager vielleicht noch erinnern.

Beispiel REEM Park: Aufarbeitung gelernter Lektionen

Amanda fand keine relevanten Dokumentationen über in der Vergangenheit durchgeführte Parkprojekte. Da ihre Behörde im letzten Monat außerdem in ein neues Dienstgebäude umgezogen ist, wurden alle alten Projektunterlagen in einem Lagerhaus in einem Industriegebiet eingelagert. Es erschien Amanda zu schwierig, diese zu lokalisieren. Amanda entschied sich deshalb für die Einberufung einer Besprechung mit Projektmanagern, die in der Vergangenheit ähnliche Projekte unternommen haben. Einige der gelernten Lektionen konnten von den Projektmanagern bei dieser Besprechung rekonstruiert werden. Die nachfolgende Vorlage dokumentiert, welche Lektionen gelernt wurden und wie sich diese in Amandas Projekt integrieren lassen:

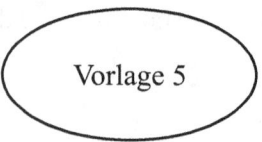

Vorlage 5

Überarbeitung Gelernter Lektionen

Nr.	Name des vorherigen Projektes	Gelernte Lektion	Wie wir sie uns zunutze machen
1	Zentralpark Projekt	Die Konsultierungsfirma machte viele Fehler bei den Designzeichnungen, was Korrigierungen erforderte und das Projekt insgesamt verspätete.	Wir schließen die betreffende Konsultierungsfirma von einer Beteiligung am REEP Projekt aus.
2	Zentralpark Projekt	Bei den Spielgeräten fehlten viele Bauteile als sie vom Hersteller angeliefert wurden.	Sollte der selbe Hersteller benutzt werden, die Baufirma anweisen, alle Spielgeräte auf deren Vollständigkeit mehrmals überprüfen.
3	Seepark Projekt	Ein neuartiges Bewässerungssystem wurde benutzt, das sich sowohl als preisgüsntig als auch zuverlässig herausstellte.	Konsultierungs- und Baufirma anweisen, zu überprüfen, ob das gleiche System auch beim REEM Park benutzt werden kann.

Vorteile der Benutzung dieser Vorlage

1 Sie haben die in der Vergangenheit gemachten Fehler betrachtet und zur Kenntnis genommen, was vermeiden sollte, dass diese nochmals gemacht werden.

2 Die Benutzung der Vorlage gibt der Firma die Gewissheit, dass der Projektmanager das organisatorische Wissen über die gelernten Lektionen aufgearbeitet und damit den Lebenszyklus des Wissensmanagement komplettiert hat.

Interessenvertretermanagement

Wenn wir Projektmanagement in einen alten und einen modernen Typus unterschieden, dann würde die Anwendung der Prinzipien von Interessenvertretermanagement ganz klar ein Erkennungszeichen modernen Projektmanagements. Interessenvertretermanagement verlangt vom Projektteam die Inbetrachtziehung interner und externer Kräfte, die sich auf das Projekt auswirken, was dem Team bei der Erkenntnis hilft, dass es nicht in absoluter Kontrolle ist, sondern auch die Bedürnisse anderer Personen ermessen muss.

Was verstehen wir unter dem Begriff „Interessenvertreter"?

Interessenvertreter sind Personen (oder Organisationen) ein Interesse an Ihrem Projekt hegen. Wir wollen zuerst das Wort „Interesse" analysieren. Jemand mag an Ihrem Projekt aus verschiedenen Gründen interessiert sein, zum Beispiel:

- Ihr Projekt unterliegt der administrativen Jurisdiktion einer regierungsamtlichen Stelle (das Interesse beruht hierbei auf einzuhaltenden Gesetzen);

- Ihr Projekt zieht eine positive Wirkung auf eine Personengruppe nach sich, zum Beispiel der Bau eines Parks in einer Nachbarschaft (das Interesse erwächst hier aus dem Wunsch der betreffenden Personengruppe, aus dem vollendeten Projekt einen unmittelbaren Nutzen zu ziehen);

- Ihr Projekt gibt anderen Firmen Arbeitsmöglichkeiten, zum Beispiel Konsultierungsfirmen (das Interesse rührt hier aus dem Wunsch her, Einkommen zu generieren);

- Ihr Projekt hat eine negative Auswirkung auf eine Personengruppe, zum Beispiel beim Abbruch eines Gebäudes in der Innenstadt, was in Lärmbelästigung und Mangel an Parkplätzen für die Einlieger nachbarschaftlicher Gebäude resultiert (das Interesse ist hier, dass man die durch das Projekt verursachten negativen Auswirkung entweder gänzlich vermeiden oder zumindest reduzieren möchte).

Die oben genannten Punkte sind lediglich einige Beispiele, weshalb jemand an Ihrem Projekt interessiert ist. Beachten Sie, dass Interesse direkt oder indirekt sein kann, positiv oder negativ. Wie auch immer, seien Sie versichert, dass irgendjemand Ihr Projekt stets genau im Auge behalten wird, gar versuchen wird, es zu beeinflussen oder das Projekt zur Erreichung eigener Interessen heranzuziehen. Ihre Rolle als Projektmanager besteht darin, anzuerkennen, dass solche Interessen bestehen und sodann zu versuchen, diese so zu steuern, dass sie dem Projekt zuträglich sind.

Beispiele für Interessenvertreter:

- Der Projektsponsor (der wichtigste Interessenvertreter von allen, denn er/sie stellt das Budget zur Verfügung und das Projekt wird ausgeführt, um seine/ihre Ziele zu erreichen);

- Regierungsstellen;

- Anwohner;

- Privatfirmen;

- Medien;

- Firmenabteilungen oder –sektionen, die das Projekt betreiben;

- Das Top-Management der Firma, die das Projekt betreibt;

- Nachbarstaaten, -länder, -provinzen, -gemeinden.

Weshalb sollten sich Projektmanager über Interessenvertreter sorgen?

Als Projektmanager wollen Sie externe und interne Einflüsse auf Ihr Projekt so gering wie möglich halten, denn sie könnten den Projekterfolg behindern. Wie sehr Sie es aber auch versuchen, es ist unmöglich, Ihr Projekt vor solchen Einflüssen vollständig abzuschirmen. Es ist daher für Sie einfacher, proaktiv zu sein und mögliche Einflüsse im Vornherein zu identifizieren und zu versuchen, deren Effekt auf das Projekt durch ausgewählte Aktionen zu kontrollieren. Das geschieht zum Beispiel dadurch, dass man versucht, diese Einflüsse in das Projekt einzubinden, sie vom Projekt abzulenken oder ein Gleichgewicht zwischen ihnen und der Gesundheit des Projektes zu erreichen. Kurz: Der Projektmanager versucht, die negativen Effekte der Beeinflussung durch Interessenvertreter zu reduzieren, indem die Anforderungen der Interessenvertreter frühzeitig angesprochen und befriedigt werden.

Beispiele von Einflüssen seitens der Interessenvertreter auf Ihr Projekt

Beispiel 1: Ein Projekt zum Bau eines Fußballplatzes verzögerte sich, weil die Anwohner des Baugeländes sich bei der Stadtverwaltung beschwerten, der Bau würde Lärm verursachen und die Straßen mit Baumaschinen verstopfen.

Beispiel 2: Ein Projekt zur Kreierung einer Webseite für eine Firmenabteilung wurde verzögert, weil die IT-Abteilung bei der Auswahl der Designfirma nicht involviert wurde.

Beispiel 3: Das Budget für ein Projekt zum Bau eines öffentlichen Springbrunnens wurde herabgesetzt, weil ein leitender Manager, der bei der anfänglichen Auswahl der zu verwendenden Baumaterialien nicht konsultiert worden war, eine Änderung der Materialliste beantragte.

Beispiel 4: Ein Projekt wurde mit Schwierigkeiten bei der Beschaffung einiger benötigter Materialien konfrontiert, weil die Zulieferfirmen nicht genügen auf Lager hatten, obwohl sie bereits vor Beginn des Projektes über die benötigten Mengen informiert worden waren.

Beispiel 5: Ein Projekt zur Errichtung eines Staudammes in einem Fluss wurde storniert, weil sich eine Nachbarprovinz beschwerte, der Bau würde den ihr zustehenden Anteil am Wasser reduzieren.

Beispiel 6: Für ein Projekt zur Erhaltung eines Schulgebäudes, spendete ein wohlhabender Mann und ehemaliger Schüler eine erkleckliche Summe zum Ausbau und zur Renovierung der Schulbücherei.

Anmerkung: Aus den oben aufgeführten Beispielen werden Sie erkennen, dass die Motive verschiedener Interessenvertreter nicht immer logisch sind. Was dem Projektmanager nicht logisch erscheinen mag, das ist für den Interesenvertreter jedoch absolut logisch. Im Rahmen des Interessenvertretermanagement ist es aber nicht unser Ziel, die Logik des Interessenvertreters zu beurteilen, sondern deren Anforderungen auf eine Weise in das Projekt zu integrieren, die die negativen Auswirkungen auf das Projekt herabsetzt.

Was ist Interessenvertretermanagement?

Als Projektmanager werden Sie im Rahmen des Interessenvertretermanagements die folgenden Aktivitäten durchführen:

1 Identifizierung der Interessenvertreter in Ihrem Projekt.

2 Priorisierung der Interessenvertreter nach dem Ausmaß ihres Interesses in Ihrem Projekt und gemäß ihres Potentials, Ihr Projekt zu beeinflussen.

3 Identifizierung der potentiellen Bedürfnisse der einzelnen Interessenvertreter.

4 Bereitstellung eines Planes, die Anforderungen der Interessenvertreter im Rahmen des Umfanges und der Ressourcen Ihres Projektes zu befriedigen.

Diese Aktivitäten werden in den nachfolgenden Abschnitten im Detail diskutiert.

Die Interessenvertretermanagementvorlage

Diese Vorlage mag im Vergleich zu den anderen in diesem Buch verwendeten Vorlagen ein wenig anders erscheinen. Sie stetz sich aus zwei Elementen zusammen. Das erste hilft bei der Identifizierung der Interessenvertreter und deren Priorisierung. Das zweite hilft beim Nachdenken über deren Bedürfnisse und die besten Wege, diese zu befriedigen. Nachstehend ist eine Beschreibung der beiden Elemente:

1 Identifizierung der Interessenvertreter

Für die Identifizierung der Interessenvertreter laden Sie Ihr Projektteam zu einem Brainstorming ein. Gehen Sie die Sache folgendermaßen an:

Benutzen Sie eine großflächige Wandtafel (oder ein großes Blatt Papier) und schreiben Sie darauf die folgenden Überschriften:

- Interessenvertretertypen (Einzelpersonen oder Organisationen);

- Standorte der Interessenvertreter (innerhalb der Firma oder außerhalb);

- Typus des Interesses (positiv oder negativ);

Versuchen Sie sodann, Beispiele für jede der obengenannten Überschriften darzulegen.

2 Priorisierung der Interessenvertreter

Priorisierung ist ein immer wiederkehrendes Thema im Projektmanagement (und Management im generellen Sinne). Wenn Sie priorisieren, identifizieren Sie Elemente, die Vorrang vor anderen haben. Das befähigt Sie später, Ihre Zeit und die verfügbaren Ressourcen besser einzusetzen wenn Sie auf der Basis der Wichtigkeitshierarchie auf Bedürfnisse eingehen. Wenn er Interessenvertreter priorisiert, sollte der Projektmanager zwei Konditionen beachten: die Fähigkeit eines Interessenvertreters, Änderungen in einem Projekt zu bewirken, und den Grad des Interesses eines Interessenvertreters für den Einsatz seiner/ihrer Stärken.

Eine berühmte Methode der Priorisierung ist, die Interessenvertreter auf der Basis ihrer Wichtigkeit in vier Typen aufzuschlüsseln (ein Blatt Papier unterteilt man dafür mit Hilfe eines Kreuzes in vier gleich große Quadrate). In das erste Quadrat trägt man die allerwichtigsten Interessenvertreter ein, in das zweite die zweitwichtigsten, und so fort. Die ausgefüllten vier Quadrate sind eine analytische Matritze, wie in der nachfolgenden Grafik dargestellt:

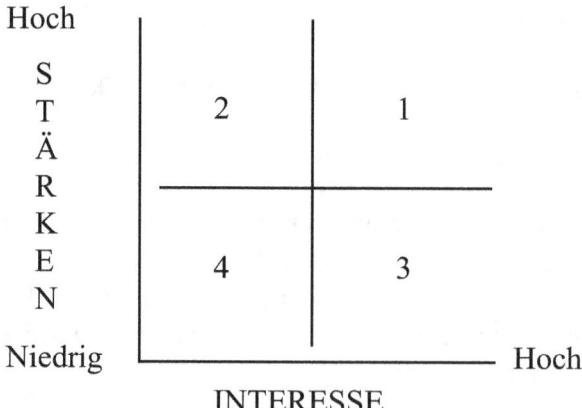

Erstes Quadrat: Die Stärke des Interessenvertreters ist hoch, und das Interesse an der Zunutzemachung dieser Stärke ebenso. **Zweites Quadrat:** Die Starke des Interessenvertreters ist hoch, doch das Interesse an der Zunutzemachung dieser Stärke niedrig. **Drittes Quadrat:** Die Stärke des Interessenvertreters ist niedrig, doch das Interesse an der Zunutzemachung dieser Stärke dennoch hoch. **Viertes Quadrat:** Die Stärke des Interessenvertreters ist niedrig, ebenso wie das Interesse an der Zunutzemachung dieser Stärke.

Bei der Priorisierung von Interessenvertretern kann es schierig sein, objektiv zu bleiben, denn bei der Entscheidung über die Stärke und das Ausmaß des Interesses eines identifizierten Interessevertreters legt jeder ander Maßstäbe an. Um den Output dieser Übung zu verbessern, sollte man sie deshalb in Teamarbeit durchführen und dabei die Meinungen der verschiedenen Teammitglieder in Erwägung ziehen.

Wenn Sie die Priorisierung der verschiedenen Interessenvertreter abgeschlossen haben, erhalten Sie ein klareres Bild darüber, wie Sie Ihre Ressourcen einsetzen, um deren jeweiligen Anforderungen zu befriedigen. Beispiel: Sie erhalten Anfragen von zwei Interessenvertretern. Den ersten haben Sie im ersten Quadrat Ihrer Priorisierungsmatritze eingetragen, den anderen im dritten Quadrat. Sie erkennen daraus ganz klar, dass der erste Interessenverteter Priorität über den zweiten besitzt und können sich daher zuerst jenem widmen.

3   Beantwortung der Anfrage eines Interessenvertreters

Wenden wir uns nunmehr den potentiellen Anfragen/Anforderungen seitens der Interessenverteter zu. In einem idealen Szenario würde man auf sämtliche Anfragen/Anforderungen aller Interessenvertreter eingehen. Das ist in der Praxis jedoch schwierig, aus den folgenden Gründen:

- Die Anfragen mancher Interessenvertreter lassen sich nicht mit dem Rahmen des Projektes vereinbaren;

- Manche Anfragen können sich als zu kostspielig herausstellen;

- Anfragen verschiedener Interessenvertreter könnten Konflikte schaffen.

Bevor man daher auf irgendeine Anfrage eingeht, sollte man sich darüber im Klaren sein, dass auch eine Ablehnung einer Anfrage im Bereich des Möglichen liegt. Als Projektmanager sollten Sie stets abwägen, wie das Ablehnen einer Anfrage sich mit den Kosten einer positiven Beantwortung balanziert, vor allen Dingen aber auch, welchen potentiellen Effekt Ihre Entscheidung auf das Projekt hat.

Beispiel REEM Park: Interessenvertretermanagement

Amanda hat die Interesessenvertretervorlage ausgefüllt, indem Sie der nachstehenden Prozedur folgte:

Erstens: Das Projektteam unternahm Brainstorming bezüglich der potentiellen Liste an Interessenvertretern und kam zu den folgenden Resultaten:

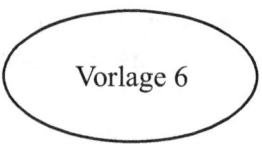

Vorlage 6

Interessenvertreter: Identifizierung und Prioritisierung

Interessenvertreter		
Generalmanager		
Parkverwaltung	Hoch	
Straßenbauamt		2 1
Umweltschutzbehörde		
Anwohner	STÄRKEN	
Private Firmen		
Potentielle Investoren		4 3
Medien		
Fremdenverkehrsamt	Niedrig ────────── Hoch
	INTERESSE	

Zweitens: Um die Interessenvertreter zu priorisieren, ging das Team die Liste der identifizierten Parteien durch und fragte für jede die folgenden Fragen:

1 Was ist die Stärke dieses Interessenvertreters?

2 Was ist das Interesse dieser Partei, das Projekt zu beeinflussen?

Die Vorlage wurde sodann wie folgt finalisiert:

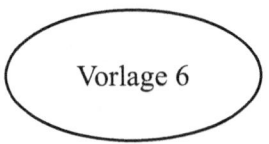

Vorlage 6

Interessenvertreter: Identifizierung und Prioritisierung

Interessenvertreter		
Generalmanager		
Parkverwaltung		
Straßenbauamt		
Umweltschutzbehörde		
Anwohner		
Private Firmen		
Potentielle Investoren		
Medien		
Fremdenverkehrsamt		

Hoch

STÄRKEN

Niedrig

Medien

Hoch
Generalmanager
Parkverwaltung
Straßenbauamt
Umweltschutzbeh.
Fremdenverk.amt

Anwohner
Private Firmen
Investoren

Hoch

INTERESSE

Drittens: Nach der Priorisierung der Interessenvertreter begann das Projektteam damit, über deren potentielle Anforderungen nachzudenken und wie jene befriedigt werden können. Die nachfolgende Vorlage illustriert diesen Schritt.

Anmerkung: Es kommt uns nun zugute, dass uns die vorherige Vorlage bereits bei der Priorisierung der Interessenvertreter geholfen hat, indem sie uns frühzeitig dazu ermutigte, über die potentiellen Anfragen wichtiger Interessenvertreter nachzudenken.

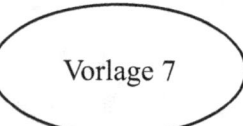

Vorlage 7

Interessenvertreter: Anforderungen

Interessenvertreter	Potentielle Anforderungen	Wie diese befriedigt werden können
Generalmanager	Projekt muss innerhalb des Zeitplans und Budgets komplettiert werden. Design muss absolute Klasse sein.	Penible Planung und Auswahl einer guten Konsultierungsfirma.
Straßenbau-verwaltung	Designzeichnungen und Grundriss-zeichung, auf welchen Parkplätze und Parkzugangsstraßen einge-zeichnet sind, müssen vorgelegt werden.	Exakte Kommunikation durch den Projekt-manager.
Umweltschutz-behörde	Informationen über den Projekt-fortschritt und 3-dimensionale Ansichtszeichnungen müssen vorgelegt werden.	Exakte Kommunikation durch den Projekt-manager.
Anwohner	Regelmäßige Informationen über den Projektfortschritt. Genügend Parkplätze. Zugangsstraßen so planen, dass sie das gegenwärtige Verkehrsaufkommen nicht erhöhen.	Information wird durch die PR-Abteilung ausgegeben.
Private Firmen	Bereitstellung einer klaren Beschreibung der Parkanfor-derungen sobald die Projekt-ausschreibung in den örtlichen Medien veröffentlicht wurde.	Penible Planung
Potentielle Investoren	Parkgebäude mit genügend Platz für Boutiquen und Café-Restaurants bereitstellen.	Diese Anforderung im Ausschreibungsdokument einschließen, das der mit dem Design des Parks beauftragten Konsultie-rungsfirma zugeht.
Medien	Regelmäßige Informationen über den Projektfortschritt.	Exakte Kommunikation durch den Projekt-manager.
Fremdenverkehrs-amt	Informationen und 3-dimensionale Zeichnungen der Parkanlage.	Exakte Kommunikation durch den Projekt-manager.

Anmerkung 1: Diese Vorlage sollte während der verschiedenen Phasen des Planungsprozesses konsultiert und überarbeitet werden, um sicherzustellen, dass die Anforderungen der Interessenvertreter so weit wie praktikabel in das Projekt integriert werden (z.B. wenn der Projektumfang und die Qualitätsanforderungen festgelegt werden).

Anmerkung 2: Wie Sie aus der Vorlage gesehen haben, ist eines der besten Dinge, die Sie für die Interessenvertreter Ihres Projekts tun können, sie mit den Informationen, die jene benötigen, zu versorgen. Das gibt ihnen üblicherweise das Gefühl, für das Projekt wichtig zu sein.

Vorteile der Benutzung dieser Vorlagen:

1 Sie haben die Leute/Organisationen identifiziert, die ein Interesse an Ihrem Projekt hegen.

2 Sie haben die Interessenvertreter priorisiert, damit Sie deren Anfragen auf organisierte Weise benatworten können.

3 Sie haben potentitielle Anforderungen der Interessenvertreter identifiziert, damit Sie diese entsprechend befriedigen und währen der Projektplanung integrieren können.

Informationsmanagementplan

Zur rechten Zeit an die richtigen Informationen zu kommen, erhöht Ihr Wissen und hilft Ihnen beim Erfolg Ihres Vorhabens. Auf der anderen Seite führt ein Mangel an Informationen – und hier meine ich nicht, dass sie nicht existieren, sondern dass sie nicht geteilt werden – zu Verwirrung und Konflikt.

Wie man einen Informationsmanagementplan erstellt

Sie können einen exzellenten Plan erstellen, indem Sie sich die folgenden Fragen stellen:

1 Welche Arten von Informationen müssen geteilt werden?

Beachten Sie hier, dass die Frage nicht ist, welche Informationen Sie teilen wollen. Man könnte die Frage auch anders formulieren: Welche Informationen – wenn sie nicht geteilt werden – können Ihrem Projekt Porbleme verursachen? Hier sind einige Beispiel:

• Der Projektumfang;

• Die Risikenbeurteilung;

• Der Projektfortschrittsbericht;

• Änderungsanfrage;

• Das Produktdesign.

2 Wer erhält die Informationen?

Sie werden selber entscheiden müssen, welche Personen an Informationen über Ihr Projekt interessiert sind und wer an Projektinformationen als solchen nicht wirklich interessiert ist, sie aber dennoch erhalten möchte. Sie können diese Leute aus Ihrer Liste der identifizierten Interessenvertreter auswählen und ihnen die dementsprechenden Informationen zuführen.

3 Wie teile ich die Informationen?

Wir haben heutzutage verschiedene Möglichkeiten, Informationen zu verteilen. Die korrekte Art wird von verschiedenen Faktoren bestimmt, z.B. der verfügbaren technologie (sowohl beim Sender als auch beim Empfänger), die geografische Fläche, auf die sich das Projekt ausdehnt und die benötigte Eile, mit der die Information beim Empfänger ankommen muss. Nachfolgend sind einige Beispiele für die verschiedenen Weg, Informationen zu verteilen:

- Normale Post;
- Faxmaschine;
- eMail;
- Heraufladen auf eine Webseite;
- Telefon.

Bei der Auswahl der besten Art, beachten Sie, dass die Information offiziell oder nicht-offiziell, niedergeschrieben oder verbal sein kann. Die generelle Regel ist, dass Information offiziell versandt und niedergeschrieben sein soll. Zum Beispiel müssen das Projekt betreffende Änderungsanfragen in einem offiziellen Schreiben niedergelegt sein. Eine geignete Versendungsmethode sollte gewählt werden, um die Lieferung an den Empfänger bestätigen zu können.

4 Welche Besprechungen werden benötigt?

Besprechungen gehören zum Informationsteilen und wir müssen sicherstellen, dass alle notwendigen Parteien zu der jeweiligen Besprechung eingeladen werden. Der Projektmanager sollte deshalb solche Besprechungen einplanen, für jede eine Liste der Teilnehmer anlegen und entsprechende Ladungen versenden. Die Eingeladenen können die anstehende Besprechung sodann in ihrem Terminkalender eintragen.

5 Wann solten Sie Informationen verteilen?

Informationen sollten so frühzeitig verteilt werden, dass die Empfänger genügend Zeit haben, diese zu analysieren und ggf. darauf zu reagieren. Im Informationsmanagementplan ist es daher vorteilhaft, wenn ein datum zur Verteilung von Informationen festgelegt wird, denn das bindet das Projektteam, die jeweiligen Informationen auch hinauszuschicken. Hier sind einige Beispiele, wie man solche Versendungsdaten formuliert:

- Informationen werden versendet an jedem 5. Tag des Monats;

- Informationen werden versendet jeweils 2 Tage nach einer Besprechung;

- Informationen werden versendet am selben Tag, an dem sie bekannt gemacht wurden.

6 Wer verteilt die Informationen?

Das Projektteam ist verantwortlich. Der Projektmanager beaufsichtigt diese Aufgabe und, wenn nötig, beauftragt ein Projektteammitglied mit der Ausführung.

Bei der Kommunikation hilfreiche Fertigkeiten

Das Teilen von Informationen mit anderen verlangt nach Kommunikation. Nachstehend sind einige Richtlinien für Kommunikation:

In verbaler Kommunikation (Telefon, Präsentationen, Besprechungen, usw.):

- Beginnen Sie stets mit einem Überblick über die Agenda der Besprechung;

- Achten Sie auf Ihre Stimme. Sie sollte laut und gut hörbar sein, aber nicht in einen Tonfall abgleiten, der negativ aufgefasst werden kann (z.B. Agriff, Anschuldigung, usw.);

- Achten Sie auf Ihre Körpersprache. Sie können vielleicht Ihre Stimme kontrollieren, aber zahlreiche Studien haben belegt, dass die Körpersprache bei der Sendung von Botschaften mitunter ein viel größeres Gewicht hat;

- Vergessen Sie nicht, dass Zuhören genauso wichtig wie Sprechen ist. Geben Sie anderen Gelegenheit, Fragen zu stellen oder Ideen einzubringen;

- Respektieren Sie die kulturellen Gepflogenheiten von Personen, mit denen Sie kommunizieren und die sich von Ihren Gepflogenheiten unterscheiden können (z.B. die Art der Begrüßung in unterschiedlichen Kulturkreisen);

- Hören Sie sich an, was ein anderer zu sagen hat, um zu verstehen, aber nicht um darin Fehler zu entdecken.

In geschriebener Kommunikation (Berichten, Reporten, eMail, usw.):

- Vergessen Sie nicht die Betreffzeile;

- Versenden Sie Ihre Kommunikation auf eine Weise, die verfolgt werden kann (z.B. eingeschriebener Brief, eMail mit Erhaltbestätigung, usw.);

- Halten Sie Ihre Worte einfach und vermeiden Sie so weit wie möglich Abküzungen;

- Stellen Sie sicher, dass der Empfänger Ihre Mitteilung auch lesen kann. Wenn Sie zum Beispiel einer eMail ein Dokument anhängen, vergewissern Sie sich, dass der Empfänger auch die zur Öffnung erforderliche Software hat;

- Korrigieren Sie Tippfehler und falsche Grammatik;

- Verfolgen Sie Ihre Kommunikation und stellen Sie sicher, dass sie den Empfänger auch tatsächlich erreicht hat.

Beispiel REEM Park: Informationsmanagementplan

Amand und ihrProjektteam abe sich die in der voangegangenen Sektion aufgeführten Fragen gestellt und haben den folgenden Informationsmanagementplan erarbeitet:

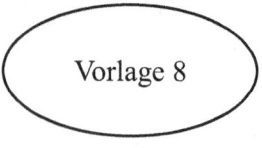

Vorlage 8

Informationsmanagementplan

Information	Empfänger	Methode der Versen-dung	Frequenz der Versendung	Wer versendet?
Risikoidentifi-zierungsbe-sprechung	Projektteam + Repräsentanten des Straßenbauamtes und der Vertragsabteilung + andere Projektmanager der Parkverwaltung	eMail	1 Mal	John
Zeitplan	Projektteam + Projektmanagementbüro + Konsultant und Baufirma	Offizieller Brief	1 Mal und anschließend nach jeder Änderung	John
Startbesprechung mit dem Konsultanten	Projektteam + Manager der Parkverwaltung + Projektmanagementbüro	eMail	1 Mal	John
Vorläufiges Design des Park	Projektteam + Manager der Parkverwaltung	eMail	1 Mal	John

Endgültiges Design des Parks	Generalmanager + Projektteam + Umweltschutzbehörde + Fremdenverkehrsamt + Medien	Offizieller Brief	1 Mal	Amanda
Projektfortschritts-bericht	Projektteam + Finanzab-teilung + Projektmanage-mentbüro + Manager der Parkverwaltung + Bau-firma + Konsultant + Manager des Straßen-bauamtes	eMail	Erste Woche jedes Monats	Amanda
Besprechung: Gelernte Lektionen	Alle verfügbaren Interes-senvertreter	eMail	1 Mal	John

Empfänger	Kontakt		Empfänger	Kontakt
Generalmanager	Sekretärin		Umweltschutz-behörde	Durch PR-Abteilung
Projekt-management-büro	eMail		Straßenbauamt	eMail
Fremden-verkehrsamt	Durch PR-Abteilung			

Anmerkung 1: Sie können die Vorlage auch als eine Abhakliste verwenden, indem Sie einfach die entsprechende Information abhaken, sobald Sie sie verteilt haben.

Anmerkung 2: Bevor Sie die Vorlage ausfüllen, sollten Sie sich die Anforderungen der einzelnen Interessenvertreter nochmals anschauen. Sie erkennen dann, welche bestimmte Information an welche Interessenvertreter verteilt werden muss.

Vorteile der Benutzung dieser Vorlage

1 Sie haben die Informationen identifiziert, die Sie mit anderen teilen müssen.

2 Sie haben die Personen identifiziert, die die jeweiligen Informationen erhalten und haben etnschieden, wie diese Informationen versandt werden sollen.

3 Sie haben sich die Interessenvertretervorlage nochmals angeschaut und aufgrund der dort vermerkten Anforderungen entschieden, wer welche Informationen erhalten soll.

Projektrahmen

„Projektrahmen" ist ein oft benutzer Begriff im Projektmanagement und beschreibt den Umfang der Pflichtergebnisse oder Leistungen aus dem Projekt. Eine Beschreibung des Produktes (oder des „Output") eines Projektes hilft uns bei der Identifizierung der Aufgaben, die ausgeführt werden müssen, um dieses Produkt zu erzielen.

Alle Vorlagen, die wir bis jetzt ausgefüllt haben, unterstützen die Projektplanung. Wir haben uns aber noch nicht mit dem Produkt des Projektes beschäftigt oder wie wir es in der Tat erzielen können. Eine klare Idee von einem Projekt zu haben, heißt aber nich, das es auch einfach ist, den Projektrahmen niederzulegen. Nehmen wir uns nochmals das Beispiel des REEM Parks: Die Idee ist klar und simpel. Es geht um die Anlage eines öffentlichen Parks, der den Anwohnern eines bestimmten Stadtteils zugute kommt. Die Idee kann jedoch auf verschiedene Arten umgesetzt werden:

- Der Park hat/hat nich einen Kinderspielplatz;

- Der Park hat/hat keine Restaurants/Cafés;

- Der Park hat einen großen Springbrunnen in Haupteingangsnähe;

- Ein künstlich angelegter Fluss wird durch den Park fließen;

- Der Park wird ein Fischaquarium besitzen.

Mit Hilfe der Projektidee alleine ist es uns unmöglich, die obigen Punkte zu bestätigen noch auszuschließen. Zu viele verschiedene Beschreibungen eines Eiznelprojekts sind jedoch ein Risiko, denn wir können die zur Projektausführung erforderlichen Aufgaben nicht klar umreißen. Als resultat können wir nicht für das Projekt planen. Es ist ein großer Unterschied, ob in dem Park ein künstlicher Fluss angelegt wird oder nicht. Deshalb muss die Projektidee in eine klare Beschreibung des Projektrahmens (also des „Output") transferiert werden.

Wie definieren wir den Projektrahmen?

Das Projektteam sollte sich nicht Hals über Kopf in das Design des Projektrahmens stürzen, denn dieser stellt das Fundament für alle nachfolgenden Planungselemente dar. Jede Abänderung des Projektrahmens beeinflusst den Plan, was zu Fehlern führen kann. Um den Projektrahmen festzulegen, tun Sie das folgende:

Erstens: Erhalten Sie eine klare Idee für die Gründe, weshalb das Projekt durchgeführt werden soll. Sehen Sie sich dazu noch einmal die Vorlagen der Durchführbarkeitsstudie und Projektcharter an.

Zweitens: Studieren Sie nochmals die Anforderungen des Projektsponsoren.

Während der Übung des Interessenvertretermanagement haben wir versucht, über die Anforderungen nachzudenken mit der Absicht, diese befriedigen zu können. Der Projektsponsor ist der weitaus wichtigste Interessenvertreter. Seine Bedürnisse sollten durch Besprechungen und Interviews auf eine direktere Art festgelegt und bestätigt werden. Wenn das Projekt für eine Organisation durchgeführt werden soll, muss sich das Projektteam mit den leitenden Managern treffen, um zu identifizieren, was genau das Projekt abliefern/erzielen soll. Das Zusammentragen der Anforderungen des Sponsors ist nicht immer einfach. Bisweilen mag er/ sie nicht genau wissen, was er genau will, besonders wenn das Projekt viele Technikalitäten beinhaltet, mit denen er/sie nicht vertraut ist.

Nehmen wir zum Beispiel an, ein Personalmanager möchte in seiner Abteilung ein elektronisches Installierungssystem installiert haben. Er mag zwar eine vage Idee haben, ist aber höchstwahrscheinlich nicht imstande, die genaue Anzahl und den Typ der benötigten Dokumentenscanner zu spezifizieren. Der Projektmanager setzt sich also mit ihm zusammen, um seine Anforderungen festzulegen. Der Projektmanager stellt dazu Fragen, wie zum Beispiel:

* Wie hoch ist der tägliche Anfall an Dokumenten?

* Wie viele Domkumente sind bereits in der Personalabteilung abgelegt?

* Wie viele Personen werden das System benutzen?

* Enthalten die Dokumente in aller Regel Grafiken oder Zeichnungen?

* Muss nach dem Abscannen die Möglichkeit bestehen, innerhalb der Dokumente zu suchen?

Betrachten Sie das Interview mit dem Personalmanager als eine Art „Mini-Datenerfassung", deren Resultat eine andere Beschreibung des Projekts abliefern kann, als was sich der Personalmanager (Sponsor) vorstellte. Wenn sich also ein andersartiges Bild abzeichnet, sollte der Projektmanager an dieses für den Projekterfolg halten, um dadurch mögliche Konflikte zwischen dem Sponsor und dem Projektteam vorzubeugen.

Drittens: Identifizieren Sie verschidene Blickwinkel bezüglich des Projektes.

Das Projektteam sollte eine schnelle Umfrage unter den einzelnen Interessenvertretern durchführen, was sie jeweils von dem Endprodukt des Projektes denken. Das gibt dem Team die Möglichkeit, Elemente des Endproduktes zu identifizieren, die nicht im Einklang mit den Anforderungen der Interessenvertreter sind und daher von diesen möglicherweise abgelehnt werden. Beispiel REEM Park: Einige Interesenvertreter haben anklingen lassen, dass der Park Vogelvolieren haben soll. Diese wurden jedoch vom Spronsor nicht verlangt. Beim Aufsetzen des Projektrahmens wird also ausdrücklich erwähnt, dass der Park keine Vogelvolieren besitzen wird. Das ist ein wichtiger Punkt. Viele Probleme bei Projekten kommen nämlich erst dadurch zustande, dass eine oder mehrere Parteien erwarten, das Endprodukt würde etwas enthalten was von Anfang an ausgeschlossen war.

Viertens: Benutzen Sie die Projektrahmenvorlage.

Die Vorlage setzt sich aus zwei teilen zusammen, die Ihnen dabei helfen, den Projektrahmen wie folgt zu komplettieren:

• **Projektskizze**

Sie brauchen kein begabter Zeichner zu sein, aber wenn Sie eine einfache Skizze Ihres Projekts entwerfen, so hilft es Ihnen dabei, auszudrücken, was Worte nicht sagen können. Außerdem stimuliert es Ihre Gedanken für die Entdeckung verborgener Elemente des Endproduktes.

• **Was bleibt drin, was schmeißen wir raus?**

Hier wird ausdrücklich festgelegt, was im Projektprodukt nicht enthalten ist. Die Übung ist sehr nützlich, da sie falschen Annahmen vorbeugt.

Fünftens: Erhalten Sie die Genehmigung (Absegnung) des Sponsors für den vorgelegten Projektrahmen.

Es bedarf keiner umfangreichen Erklärung, dass es eine Zeitvergeudung ist, mit dem Planen eines Projekts fortzufahren wenn der Sponsor den Projektrahmen durch Unterzeichnung der Projektrahmenvorlage nicht akzeptiert. Wenn der Projektmanager zudem keinen klaren Rahmen präsentiert, dann sind zahlreiche spätere Änderungen bereits vorprogrammiert.

Das ultimative Ziel bei der Festlegung eines Projektrahmens ist dessen „Verriegelung" (engl. „lock-in"), also die Festlegung und Arrestierung der endgültigen Form. Das vermindert die Wahrscheinlichkeit, dass spätere Änderungen vorgenommen werden.

Es wäre aber dennoch falsch, anzunehmen, dass spätere Änderungen kategorisch ausgeschlossen sind. Immerhin können manche Abänderungen ja auch vorteilhaft sein. Indem wir den Projektrahmen jedoch festgelegt und vom Sponsor unterzeichnet haben, wird sich die Anzahl möglicher Änderungen auf ein Minimum beschränken, denn es wurde ja bereits viel Zeit mit dem Nachdenken über alle Einzelheiten des Projektes verbracht.

Beispiel REEM Park: Der Projektrahmen

Amanda und ihr Team sind allen oben beschriebenen Schritten gefolgt und haben die Vorlage wie folgt ausgefüllt:

Vorlage 9

Projektumfang

Projektskizze

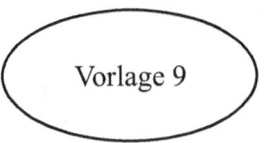

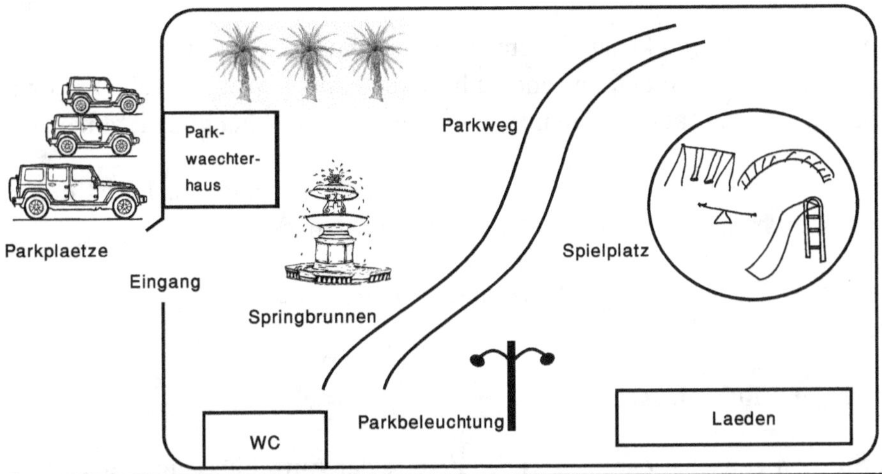

Parkweg

Park-
waechter-
haus

Spielplatz

Parkplaetze

Eingang

Springbrunnen

Parkbeleuchtung

WC

Laeden

Was faellt raus?

• Parkplaetze
• Zugangsstrassen
• Ausserparkliche Beleuchtung
• Fussball-/Volleyballplatz
• Schwimmbad
• Vogelvolieren

Was bleibt erhalten?

• Gruenflaechen
• WC, Laeden, Theater
• Umfassungszaun
• Parkwege
• Joggingpfade
• Kinderspielplatz
• Parkbeleuchtung
• Springbrunnen

Vorteile der Benutzung dieser Vorlage:

1 Es liess Sie intensiver über die Pflichtleistungen Ihres Projektes nachdenken.

2 Sie haben festgelegt, was Ihr Projekt mit einschließt und was es nicht beinhaltet.

3 Sie haben vorherige Vorlagen noch einmal angeschaut.

4 Sie haben eine Zusammenfassung kreiert, was der „Output" Ihres Porjektes sein wird.

Projektentwurf (visuelle Aufschlüsselung des Projektes)

Eine der wichtigsten Übungen beim Planen eines Projektes ist, dieses in seine einzelnen Komponenten aufzuschlüsseln. Das hilft Ihnen bei der Identifizierung der erforderlichen Maßnahmen bei dessen Durchführung. Wenn Sie sich erst einmal über diese Maßnahmen im Klaren sind, können sie ihnen Geld, Zeit und Qualität zuteilen.

Das Ziel heißt: Aufschlüsselung des Projekts

Dafür kreieren Sie ein Diagramm Ihres Projekts, das alle erforderlichen Aufgaben zur Erreichung des Endprodukts aufführt. Dieses Diagramm hilft ihnen bei:

- Sie sehen das ganze Projekt auf einem einzigen Blatt Papier, was Ihnen auch bei der Kommunizierung Ihres Projektes an andere hilft. Außerdem: Wenn Sie alle Projektaufgaben zusammen betrachten, erkennen Sie ihre Komplexität und Abhängigkeit voneinander.

- Sie können Zeit und Ressourcen einfacher und akkurater zuteilen. Es ist einfacher, ein Einzelelement zu hantieren als das große Gebilde als ganzes.

- Sie identifizieren übersehene Aufgaben einfacher und können auch mögliche Risiken besser abschätzen.

Wie Sie Ihr Projekt aufschlüsseln

1 Erinnern Sie sich zunächst daran, dass der Zweck der Aufschlüsselung eines Projekts die Identifizierung der Aufgaben ist, damit ihnen Zeit und Ressourcen jeweils einfacher zugeteilt werden können.

2 Beginnen Sie, indem Sie ein kleines Quadrat zeichnen, in das Sie as finale Projektprodukt eintragen. Wir wollen zur Veranschaulichung das einfache Beispiel der Zubereitung eines Abendessens für Ihre eingeladenen Freunde heranziehen:

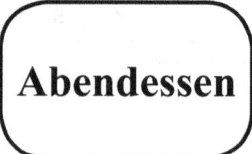

3 Denken Sie sodann an die essentiellsten Komponenten des finalen Produktes und schreiben Sie sie in weitere Quadrate (od. Rechtecke), die sie wie folgt durch Linien mit dem Endprodukt verbinden:

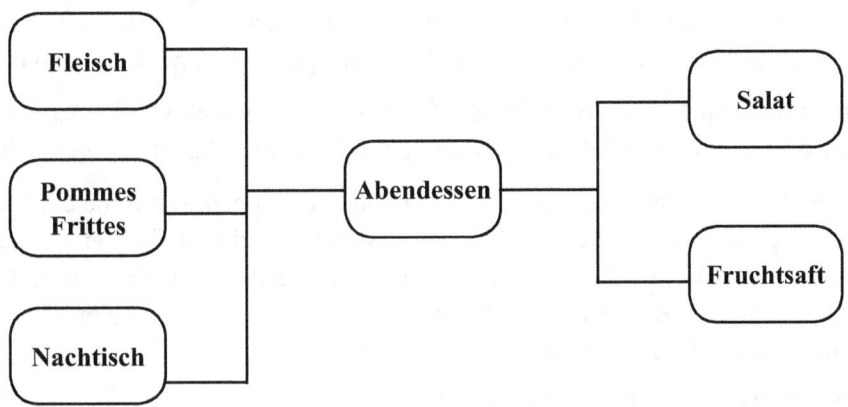

4 Nun schlüsseln Sie diese Komponenten in die Aufgaben auf, die für jede Komponente jeweils durchgeführt müssen:

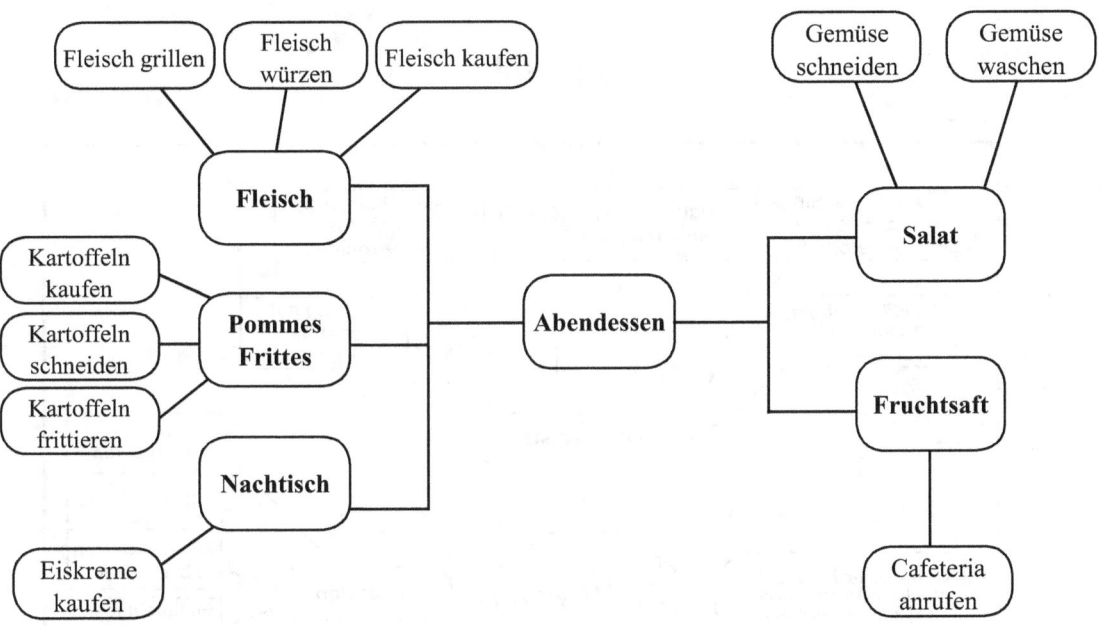

Kommentare:

1 Wenn Sie es soweit geschafft haben, sollten Sie ganz klar die Vorteile eines Projektentwurfs erkennen. Sie können unmittelbar sehen, welche Aufgaben Ausgaben verursachen (z.B. der Einkauf des Fleisches), Aufgaben, die nach der Mithilfe anderer verlangen (Fruchtsäfte) und Aufgaben, die besondere Ressourcen benötigen (Frittieröl für die Kartoffeln).

2 Wenn Sie alle Quadrate im Projektentwurf beachten, verringert sich die Chance für einen Fehler als Resultat des Vergessens/Übersehens der einen oder anderen Aufgabe.

3 Bei der Entwicklung des Projektentwurfs ist es nicht wichtig, alle Aufgaben in einer bestimmten Sequenz aufzulisten. Das wird später beim Projektzeitplan gemacht.

4 Sie können mit dem Aufschlüsseln einer Komponente stoppen, wenn Sie der Meinung sind, bei einer Aufgabe angekommen zu sein, der Ressoucen und Zeit akkurat und selbstbewusst zugeteilt weren können. Beispielsweise brauchen Sie die Aufgabe des Schneidens der Kartoffeln nicht in weitere Unteraufgaben aufzuschlüsseln, wie etwa „Messer aus der Schublade holen" oder „Küchenbrett bereitstelen".

Beispiel REEM Park: Der Projektentwurf

Nachdem sie den Projektrahmen finalisiert hatten, haben sich Amanda und ihr Team zu einem weiteren Brainstorming eingefunden, während dem sie sich Gedanken machten, welche Aufgaben das Projekt umfassen wird. Danach haben sie den folgenden Projektentwurf zusammengestellt:

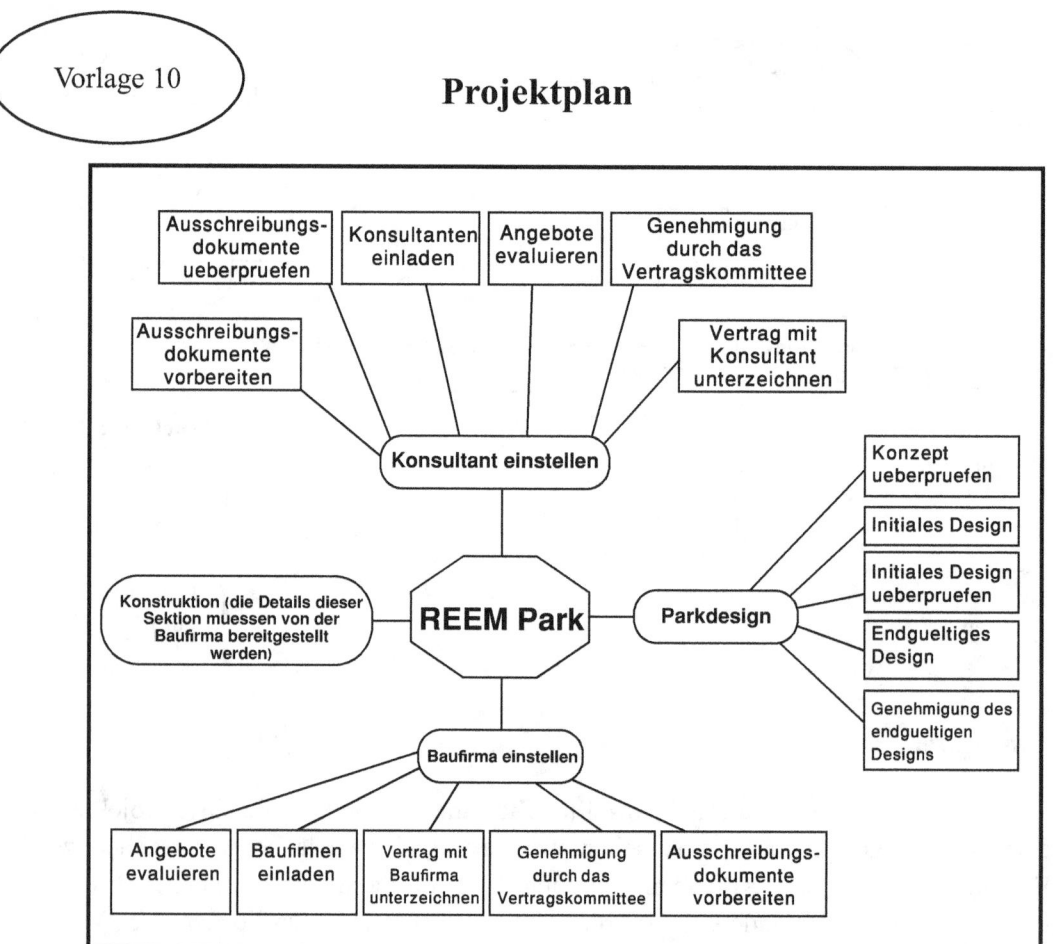

Bitte beachten Sie, dass das REEM Park-Projekt in vier Hauptkomponenten unterteilt wurde:

1 Einstellung des Konsultanten;

2 Design des Parks;

3 Einstellung des Bauunternehmens;

4 Konstruktion.

Die Komponenten mögen von Projekt zu Projekt, Firma zu Firma anders ausfallen. Im Fall unseres Parkprojektes habe ich mich aber nach der üblichen Praxis bei Großprojekten (besonders wenn sie von Behörden in Auftrag gegeben werden) orientiert, bei denen eine Konsultierungsfirma (für's Design) und ein Bauunternehmen unter Vertag genommen werden.

Vorteile der Benutzung dieser Vorlage

1 Sie haben einen Projektentwurf kreiert, mit dem Sie Ihr Projekt einfacher planen können (was in den nachfolgenden Sektionen veranschaulicht wird).

2 Während Sie den Projektentwurf zusammenstellten, haben Sie sich nochmals den Projektrahmen angeschaut, um sicherzustellen, dass alle notwendigen Aufgaben im Projektentwurf aufgenommen wurden. (Haben Sie übrigens gemerkt, dass Sie mit jeder Vorlage selbstsicherer bei Ihren Planungsaktivitäten werden, da Sie stets auf vorherige Vorlagen zurückgreifen und auf diesen aufbauen?)

Der Projektqualitätsplan

Zeit, Geld und Qualität sind die wichtigsten Elemente jedes Projektes. Das Projektbuch beginnt mit der Identifizierung der Qualitätsanforderungen bevor es zu den Zeit- und Finanzplänen weiterleitet. Der Grund dafür ist, dass sowohl der Zeitaufwand als auch die Kosten für im Rahmen eines Projektes durchgeführten Aufgaben ungemein stark von den anvisierten Qualitätsanfroderungen abhängt.

Bitte rufen Sie sich nochmals ins Gedächtnis zurück, dass ein Projekt gemeinhin das Herstellen eines Produktes bedeutet, doch auch gleichgeartete Produkte können unterschiedliche Charkteristiken und Typologien aufweisen. Nehmen Sie zum Beispiel die hunderten verschiedener Automodelle auf dem Markt mit ihren mannigfaltigen Optionen. Alle sind verschieden, teilen sich jedoch den generischen Produktnamen „Auto". Für welches Modell würden Sie sich entscheiden? Ihre Wahl basiert auf einer Anzahl von Optionen und Charakteristiken, die Sie sich von Ihrem zukünftigen Auto erwünschen, weil Sie glauben, dass diese Ihre Bedürfnisse am besten befriedigen. Sie könnten das auch als Ihre „gewünschten Qualitätsanforderungen" bezeichnen.

Gemeinhin setzt man „Qualität" mit „teuer" gleich. Das muss aber nicht immer so sein. Im Projektmanagment bedeutet „Qualität", wie gut ein Produkt bestimmte Kriterien erfüllt. Deshalb muss der Projektmanager alle Qualitätsanforderung in betracht ziehen, die in die nachfolgenden Kategorien fallen:

1 Anforderungen des Projektsponsors

Das Projekt wird ausgeführt, um die Bedürfnisse des Sponsors zu befriedigen; immerhin stellt er die Finanzierung zur Verfügung. Genauso wie man während der Erstellung des Projektrahmens die Anforderungen des Sponsors berücksichtigt, so muss sich der Projektmanager mit dem Sponsor auseinandersetzen, um die Anforderungen (erwarteten Eigenschaften) zu identifizieren. Man muss hier unterscheiden: Die für den Projektrahmen eingebrachten Anforderungen sind eine Umschreibung des Endproduktes. Die Qualitätsanforderungen beschreiben jedoch, was das Endprodukt leisten muss.

2 Regierungsamtliche oder internationale Anforderungen

Der Projektmanager muss die technischen Anforderungen und Standards identifizieren, die das Projekt erfüllen muss. Das kann von Projekt zu Projekt variieren. Zum Beispiel: Beim Bau eines Einkaufszentrums mag die Regierung spezifizieren, dass für Gehbehidnerte spezielle Parkplätze und Zugangsrampen mit eingeplant werden müssen. Ein weiteres Beispiel wäre die Bauauflage, Brandbekämpfungsvorrichtungen, wie eine genau beschriebene Anzahl von Sprinkleranlagen, Fluchtwegen und Notausgängen, usw. zu integrieren.

Ein efahrener Projektmanager wird zudem versuchen, zukünftige Verordnungen und Regulationen vorauszusehen, die das Projekt betreffen könnten, und Maßnahmen vorzubereiten, diese zu befriedigen wenn sie eintreffen sollten. Beispiel: Bei der Planung für eine neue Röntgenabteilung in einem Krankenhaus, hat der Projektmanager erfahren, dass das Krankenhaus die Absicht hat, der International Commission for Hospitals (JCIA) beizutreten. Er unternahm daraufhin einige Recherchen bezüglich der Anforderungen für Krankenhausgebäude. Er fand heraus, dass die Standards der JCIA nach separaten Umkleideräumen für Röntgenpatienten verlangen. Deshalb plante er diese in der neuen Röntgenabteilung mit ein.

Die Identifizierung von Qualitätsanforderungen ist nicht einfach, denn sie nimmt viel Zeit in Anspruch und mag das Studieren zahlreicher Dokumente und Verordnungen erfordern. Wir dürfen diese Aufgabe aber nicht vernachlässigen oder übergehen, denn ein Endprodukt geringer Qualität ist von wenig Nutzen. Stellen Sie sich zum Beispiel nur eine Webseite vor, die tagtäglich einen Crash erleidet, oder ein Wohnhaus, das die Sicherheitsverordnungen nicht erfüllt.

Ich habe bereits erwähnt, dass Qualität nicht nötigerweise höhere Kosten bedeutet, doch manchmal ist es so. Nehmen wir zum Beispiel den Bau eines Luxushotels. Hier müss teures Mobiliar angeschafft werden, denn allerbilligste Bemöbelung entspricht nicht dem Qualitätsstandard eines Luxushotels.

Die Entscheidung über und Messung der Qualitätskriterien

Um die Qualität unseres Projektes zu managen, müssen wir Qualitätskriterien (-anforderungen) identifizieren und lernen, wie wir diese messen. Die nachfolgende Tabelle gibt einige Beispiele von Qualitätskriterien in Projekten:

Projekt	Beispiel für ein Qualitätskriterium
Bau eines Kundenservicegebäudes für eine Dienstleistungsfirma	Größe der Empfangshalle; Anzahl der Kundeparkplätze
Konstruktion eines Flugzeugmotors	Gewicht des Motors; Brennstoffverbrauch; Geleistete Betriebsstunden vor der nächsten Wartung
Kreierung einer Datenbank über Firmenangestellte	Anzahl der Angestellten, die aufgenommen werden sollen; Möglichkeit, die Datenbank durch das Internet einzusehen

Beachten Sie: Wenn die Qualitätskriterien erst einmal bestimmt sind, können wir Messungen anstellen, um herauszufinden, ob die erforderliche Qualität erreicht wird oder nicht.

Wie Sie Qualitätskriterien in Ihrem Projekt finden

1 Nehmen Sie den Projektentwurf zur Hand und begutachten Sie ihn nochmals bezüglich eventueller Änderungen oder Aktualisierungen.

2 Ordnen sie jeder Aufgabe die jeweiligen Qualitätsanforderungen des Sponsors zu.

3 Ordnen Sie jeder Aufgabe die jeweiligen regierungsamtlichen oder internationalen Qualitätsanforderungen zu.

4 Bestimmen Sie die Messkriterien für jede Qualitätsanforderung und nehmen Sie sie in die Projektqualitätsvorlage mit auf.

Übung

Schreiben Sie die Qualitätskriterien und die Messergebnisse des Abendessen-Projektes nieder, das ich in der vorherigen Sektion präsentiert habe.

Wenn Sie die zuvor genannten Schritte anwenden und sich auf den Projektentwurf des Abendessen-Projektes beziehen, erhalten Sie die folgende Tabelle:

Nr.	Aufgabe	Qualität	Messung
1	Fleisch kaufen	Frischfleisch verwenden	Datum des Einkaufs
2	Fleisch würzen	Fleisch lange genug marinieren um alle Gewürze einziehen zu lassen	Länge der Marinierung
3	Fleisch kochen	Voll durchkochen	Inneres rot
4	Kartoffeln kaufen	Groß genug für Pommes Frittes	Mittlere bis große Knollen
5	Kartoffeln schneiden	Auf gleiche Länge zuschneiden	Gleiche Länge
6	Kartoffeln frittieren	Frittieren bis goldbraun und knusprig	7 bis 10 Minuten
7	Eiskreme kaufen	Gute Marke	Markenname spezifizieren
8	Gemüse waschen	Sämtliche Verunreinigungen entfernen	Vollständige Sauberkeit
9	Gemüse schneiden	Größe der einzelnen Gemüse	Kleine bis mittlere Größe
10	Cafeteria anrufen um den Fruchtsaft vorzubereiten	Klare Instruktionen wann geliefert werden muss um Fehler zu vermeiden	Klare Sprechstimme und vollständige Informationen

Die Bestimmung der Qualitätsanforderungen für die einzelnen Projektaufgaben hilft uns dabei, bessere Entscheidungen bezüglich der Zeit- und Ressourcenanforderungen zu treffen.

Beispiel Abendessen: Wir haben entschieden, dass das Fleisch voll durchgekocht sein soll. Dafür müssen wir genügend Zeit einplanen. Wir haben uns zudem für qualitativ hochwertige Eiskreme entschieden. Das bedeutet, dass wir genügend Budget für dessen Einkauf bereitstellen müssen.

Qualitätsmanagement ist für unser Projekt von großer Wichtigkeit, und es gibt zahllose Trainingskurse über das Thema. Es wäre eine gute Idee, wenn Sie eines Ihrer Teammitglieder zum Qualitätsmanager ernennen; natürlich erst, nachdem Sie ihn/sie entsprechend geschult haben.

Die Festlegung der Messungen für die Projektqualitätsanforderungen heißt nicht, dass Sie bis zum Abschluss der jeweiligen Aufgabe warten müssen, bis Sie die Genauigkeit der Messung bewerten können. Zum Beispiel: Das Fleisch soll gut durchkochen. Wir können während des Kochens periodisch dessen Garheitsgrad überprüfen. Das nennt sich Qualitätskontrolle. Wir überprüfen die Aufgabe nach ihrer Qualität noch bevor die Aufgabe vollends abgeschlossen ist. Wenn wir feststellen, dass die Messung von der anvisierten Qualität abweicht, können wir Maßnahmen einleiten, dies zu korrigieren, bevor es zu spät ist. Qualitätskontrolle kann im Projektplan in vorbestimmten Zeitintervallen festgelegt oder einfach stichprobenmäßig durchgeführt werden.

„Vergoldung"

Unter „Vergoldung" verstehen wir das Plazieren von EXTRA Qualitätsanforderungen, die zu keinen zusätzlichen Vorteilen im Endprodukt führen. Die nachfolgende Tabelle gibt einige Beispiele:

Projekt	Beispiel für „Vergoldung"
Bau eines Wohnhochhauses	Einbau einer Erdbebenausgleichvorrichtung obwohl das Hochhaus nicht in einem erdbebengefährdeten Gebiet liegt
Konstruktion eines Laptop-Computers	Titaniumgehäuse
Erstellung einer Webseite	Mehr Archivierungskapazität reservieren als eigentlich benötigt wird

Beachten Sie im zweiten Beispiel, dass es sich beim Titaniumgehäuse des Laptop-Computers nicht unbedingt um „Vergoldung" (im Sinne unserer Definierung) handeln muss; zum Beispiel dann nicht, wenn der Laptop in rauhen Verhältnissen eingesetzt wird und deshalb besonders robust sein muss.

Beispiel REEM Park: Der Projektqualitätsplan

Amanda und ihr Projektteam haben die Projektqualitätsplan-Vorlage wie folgt ausgefüllt:

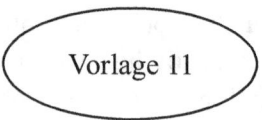

Vorlage 11

Projektqualitätsanforderungen

Nr.	Aufgabe	Erforderliche Qualität	Methode der Messung
1	Konsultant unter Vertrag nehmen	Basierend auf eingegangenen Angeboten die beste Firma unter Vertrag nehmen	Klare Methode zur Bewertung und Auswahl aus den verschiedenen Firmen anwenden
2	Parkdesign	Das Design sollte keinerlei Fehler aufweisen	Das Design wird von verschiedenen Mitarbeitern der Parkverwaltung begutachtet
3	Baufirma unter Vertrag nehmen	Basierend auf eingegangenen Angeboten die beste Firma unter Vertrag nehmen	Klare Methode zur Bewertung und Auswahl aus den verschiedenen Firmen anwenden
4	Konstruktion	Konstruktion im Einklang mit internationalen Standards Spielplatzgeräte müssen Witterungseinflüssen 10 – 15 Jahre widerstehen	Regelmäßig Qualitätsprüfungen durchführen Spezifikationen der Geräte überprüfen bevor sie genehmigt werden

Vorteile der Benutzung dieser Vorlage

1 Sie haben sich den Projektrahmen und den Projektentwurf nochmals angeschaut.

2 Sie haben über die erforderliche Qualität Ihres Projektes nachgedacht.

3 Die Vorlage hat Ihnen bei der Identifizierung von Risiken geholfen (was im Kapitel über Risikomanagement zum Tragen kommt).

Der Zeitplan

Die Abschätzung des Zeitaufwandes Ihres Projektes in größtmöglichem Detail und mit größtmöglicher Genauigkeit kann eine Herausforderung darstellen, die nichtsdestotrotz Spaß machen kann. Die Herausfordeung rührt von der Existenz verschiedener Projektaufgaben her, deren Zeitaufwand abgeschätzt werden muss; die Freude erwächst aus der Gelegenheit, dafür verschiedene Projektmanagement- und Analysemethoden heranziehen zu dürfen. Die Werkzeuge, die wir dafür in dieser Sektion benutzen, sind die Gantt Chart und die Netzwerkdiagramme.

Vorteile der Benutzung eines Projektzeitplanes

1 Wie lange wird Ihr Projekt anhalten? Dies wird wohl die am häufigsten gestellte Frage über Ihr Projekt sein. Mit Hilfe eines detaillierten Zeitplans können Sie diese Frage im Nu beantworten.

2   Der Plan sagt Ihnen, wann individuelle Aufgaben Ihres Projektes beginnen und enden werden. Das befähigt Sie dazu, informierte Entscheidungen zu treffen (z.B. gewisse Aufgaben vor- oder rückzuverlegen).

3   Verschleppte Projekte sind im Projektmanagement nicht unüblich. Mit einem Projektzeitplan können Sie den aktuellen Fortschritt des Projektes mit der Planung vergleichen. Sollten Sie Verzögerungen   feststellen, können Sie frühzeitig Maßnahmen einleiten, um diese Verzögerung zu beseitigen.

Wie man einen Projektzeitplan erstellt

Um einen Zeitplan zu erstellen, müssen wir zwei Dinge definieren: Wie lange jede Aufgabe in Anspruch nehmen wird und wie die Aufgaben miteinander vernetzt sind (d.h. welche Aufgaben vor anderen durchgeführt werden müssen). Wir müssen dazu folgendes ausführen:

1   Wir sehen uns nochmals den Projektentwurf an.

2   Wir schätzen den Zeitaufwand für jede Einzelaufgabe des Projektes.

3   Wir bestimmen, wie einzelne Aufgaben miteinander vernetzt sind.

4   Wir erstellen einen Zeitplan für das Projekt.

Erstens: Überarbeitung des Projektentwurfs

Beginnen Sie mit dem Projektentwurf, um zu vermeiden, dass Sie ihn später nochmals überarbeiten müssen, weil Sie vergessen haben, einige Aufgaben einzutragen. Zum Beispiel: Beim Durchsehen des Projektentwurfs für das Abendessen-Projekt haben wir erkannt, dass wir vergessen haben, die Aufgabe „Anrichten und Servieren" einzutragen. Wir fügen das ein und der überarbeitete Projektentwurf sieht nun folgendermaßen aus:

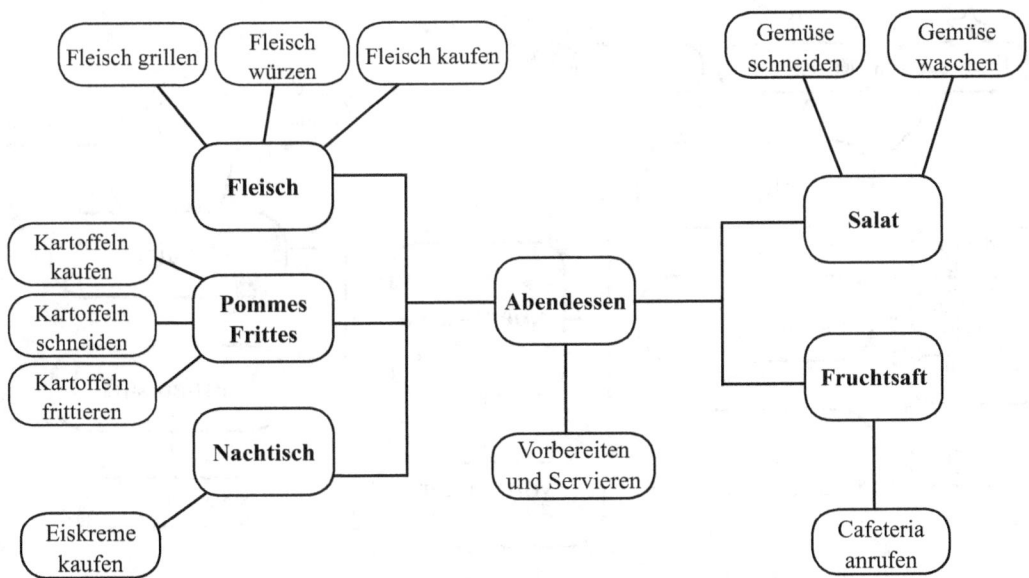

Zweitens: Abschätzung des Zeitaufwandes für die einzelnen Projektaufgaben

Nachdem unser Projektentwurf nun alle erforderlichen Aufgaben enthält, wenden wir uns der Zeitabschätzung jener zu. Es existieren verschiedene Methoden zur Zeitschätzung, doch die inuitivsten und geläufigsten sind:

•   Experten nach ihrer Zeiteinschätzung befragen;

•   Schätzen, indem man mit gleichartigen Aufgaben vergleicht;

•   Benutzung des Internets (was gleichbedeutend mit der Konsultierung von Experten oder Vergleichen mit gleichartigen Aufgaben sein kann).

Wenden wir uns nochmals dem Abendessen-Projekt zu. Wenn Sie den Zeitaufwand für das Marinieren des Fleisches schätzen wollen, können Sie ganz einfach einen Bekannten fragen, der als „Experte" (passionierter Hobbykoch) gilt. Beim Schätzen, wie lange die beauftragte Cafeteria für die Lieferung des Fruchtsaftes benötigt, rufen Sie sich in Erinnerung, dass es in der Vergangenheit (als Sie schon einmal betsellt hatten) etwa 30 Minuten dauerte. Beim Zeitschätzen sollten Sie jedoch immer genau wissen, weshalb Sie diese jeweilige Zeitspanne angewendet haben. Es wäre eine gute Idee wenn Sie Ihre Informationsquellen niederschrieben, damit Sie beim späteren Risikomanagement nochmals auf diese zurückgreifen können, um zu entscheiden, ob die Quellen rasonabel und unvoreingenommen sind. Wenn Sie die jeweiligen Zeitaufwände Ihrer Projektaufgaben festgelegt haben, tragen Sie sie in Ihren Projektentwurf ein, so wie im nachfolgenden Beispiel des Abendessen-Projektes illustriert (in Sternchen):

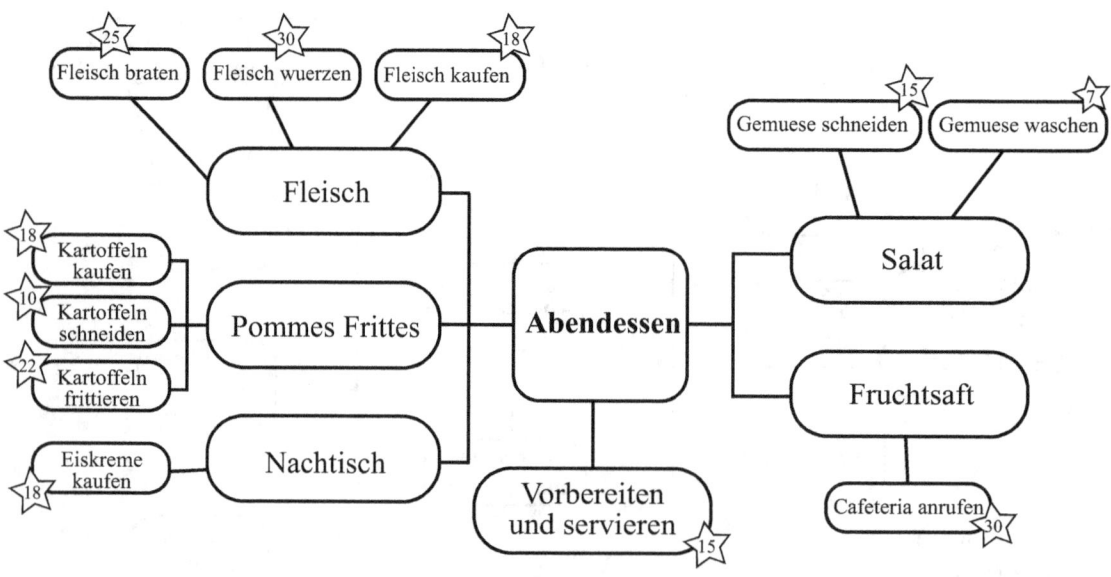

Wenn Sie Schwierigkeiten haben, einer bestimmten Aufgabe einen Zeitaufwand zuzuordnen, dann kann das daran liegen, dass Sie diese Aufgabe in Unteraufgaben aufschlüsseln müssen.

Drittens: Arrangieren Sie die Aufgaben in Sequenz

Wir werden nun die verschiedenen Aufgaben in Zeitsequenz miteinander vernetzen, vom Beginn des Projektes bis zu seinem Ende. Im einfachsten Fall besitzt das Projekt nur einen einzige lineare Sequenz, innerhalb derer keine zwei Aufgaben gleichzeitig stattfinden. Das sähe dann so aus:

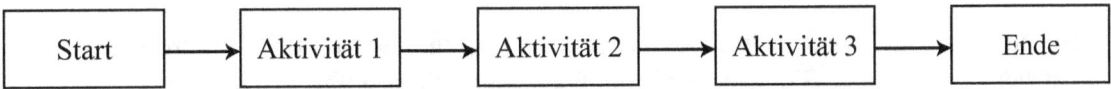

Komplizierter wird es, wenn sich das Projekt in mehrere Aufgabensequenzen aufschlüsselt, d.h. mehrere Aufgaben werden gleichzeitig ausgeführt. Das Diagramm sähe zum Beispiel so aus:

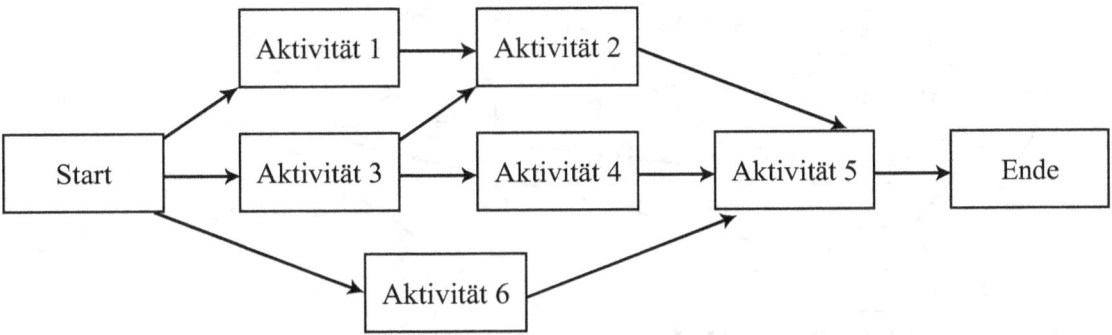

Für das obenstehende Diagramm, beachten Sie bitte folgendes:

- Ein solches Diagramm wird auch „Netzwerkdiagramm" genannt.

- Jeder befolgte Weg, vom Anfang bis zum Ende zu gelangen, wird als „Pfad" bezeichnet.

- Aufgaben sind in Quadrate eingetragen und die Pfeile das „Präsendenzverhältnis" zwischen ihnen (d.h. eine Aufgabe kann nicht starten bevor die vorangehende abgeschlossen ist).

- Beachten Sie aber, dass einige Aufgaben nicht von anderen abhängig sind.

Übung: Entwerfen Sie ein Netzwerkdiagramm für das Abendessen-Projekt

Für diese :Ubung brauchen Sie eine Kopie des Projektentwurfes, in der auch auch der Zeitaufwand der einzelnen Aufgaben vermerkt ist. Nehmen Sie dann ein leeres Blatt Papier. Auf der linken Seite zeichnen Sie ein Quadrat und schreiben „Start" in dieses. Ein weiteres

Quadrat kommt auf die rechte Seite. In dieses schreiben Sie „Ende". Nun verteilen wir die verschiedenen Projektaufgaben zwischen diesen beiden Quadraten, indem wir uns für jede Aufgabe fragen:

1   Welche Aufgabe schreitet dieser voran?

2   Welche Aufgabe folgt dieser?

Beachten Sie, dass Sie die korrekte Sequenz nicht auf Anhieb niederschreiben werden können. Sie werden Fehler machen (und im Verlauf mehrere weitere Blätter Papier verbrauchen).

Wenn Ihr Netzwerkdiagramm fertig ist, gegenkontrollieren Sie es mit Hilfe des Projektentwurfs, um sicherzustellen, dass Sie keine Projektaufgaben ausgelassen/übersehen haben.

Nachfolgend sehen Sie das Netzwerkdiagramm für das Abendessen-Projekt:

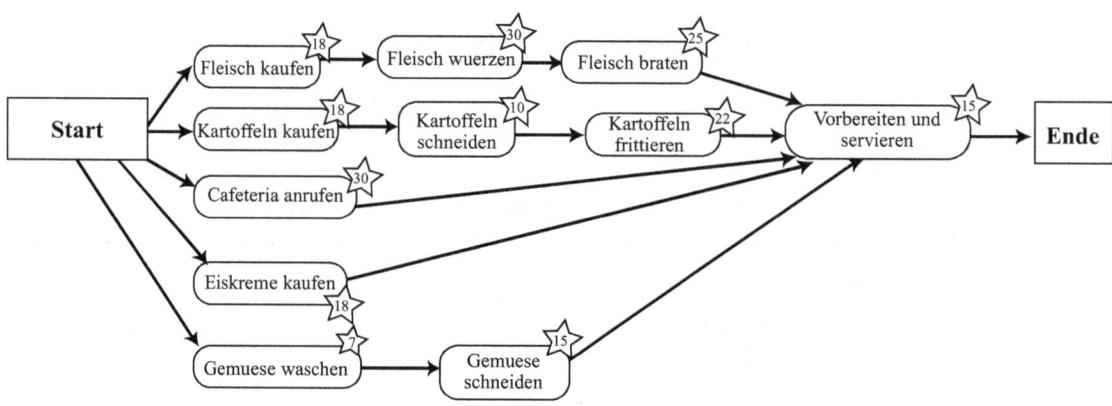

Wenn wir das Netzwerkdiagramm entwerfen, setzen wir voraus, dass alle benötigten Ressourcen vorhanden sind, denn das erleichtert uns die Festlegung der optimalen Pfade für das Projekt. Um dies zu illustrieren, beziehe ich mich nochmals auf das Abendessen-Projekt. Im Diagramm haben wir „Kartoffeln schneiden" und „Gemüse schneiden" als zwei gleichzeitig durchgeführte Aufgaben angegeben. Damit das in der Praxis aber auch so vonstatten gehen kann, brauchen Sie auch adequate Ressourcen. Das heißt, Sie müssen zwei Personen einsetzen (eine für die Kartoffeln, die andere für das Gemüse), da eine einzelne Person beide Aufgaben schwerlich gleichzeitig erfüllen kann. Wenn Sie also das Diagramm zu Anfang erstellen, nehmen Sie immer an, Ihnen ständen alle Ressourcen zur Verfügung. Wenn wir dann später die aktuell vorhandenen Ressourcen kalkulieren, können wir das Diagramm immer noch dementsprechend anpassen/umändern.

Das Netzwerkdiagramm hilft dem Projektmanager bei der Erreichung der folgenden strategischen Ziele:

1   Wahrnehmung von Gelegenheiten: Es mag möglich sein, mehrere Aufgaben gleichzeitig (parallel) zu erfüllen, d.h. den gesamtzeitaufwand für das Projekt zu reduzieren.

2   Problemvermeidung: Da einige Aufgaben nicht begonnen werden können bevor andere abgeschlossen sind, kann das Ignorieren oder Vergessen jener das Projekt verzögern.

Viertens: Setzen Sie den Projektzeitplan auf

Hier konvertieren wir das Netzwerkdiagramm in eine sogenannte „Gantt Chart" oder – einfacher ausgedrückt – einen Zeitplan. Dieser Zeitplan ist die Basislinie des Projektes. Der Projektmanager kann ihn auf einem großformatigen Blatt Papier ausdrucken und an die Wand in seinem Büro heften, um damit stets einen Überblick des aktuellen Projektfortschrittes zu haben. Um den Zeitplan zu erstellen, benötigen wir das Netzwerkdiagramm, ein Lineal und einige Farbstifte.

Übung: Erstellen Sie den Zeitplan für das Abendessen-Projekt

Nehmen Sie das Netzwerkdiagramm und ein leeres Blatt Papier zur Hand.

1   Beginnen Sie, indem Sie auf der linken Seite des Blattes alle Aufgaben untereinander auflisten.

2   Wählen Sie eine Zeiteinheit und schreiben Sie sie an den oberen Rand des Papiers (im Beispiel Abendessen-Projekt haben wir ‚Minuten' als Zeiteinheit verwendet). Schreiben Sie daneben die Startzeit (ggf. das Startdatum).

3   Unterteilen Sie den Rest des Papier rechts von den Aufgaben in Spalten. Jede Spalte repräsentiert 1 Zeiteinheit (z.B. 1 Minute).

4   Für jede Aufgabe zeichnen Sie nun eine Linie, deren Länge mit dem Zeitaufwand für jede Aufgabe gleichbedeutend ist. Wenn eine bestimmte Aufgabe zum Beispiel also 5 Minuten Zeit benötigt (und Sie die Spalten als Minutenabschnitte festgelegt haben), dann wäre die Linie 5 Spalten lang, so wie in der untenstehenden Grafik illustriert:

	1	2	3	4	5	6	7
Aufgabe 1							

Die folgende Tabelle repräsentiert den Zeitplan für das Abendessen-Projekt:

Startzeit = 19 Uhr

Nr.	Aufgabe	Zeit	Start			Ende							
			10	20	30	40	50	60	70	80	90	100
1	Fleisch kaufen	18		18								
2	Fleisch wuerzen	30		18		48						
3	Fleisch braten	25				48		73				
4	Kartoffeln kaufen	18		18								
5	Kartoffeln schneiden	10		18	28							
6	Kartoffeln frittieren	22			28	50						
7	Eiskreme kaufen	18		18								
8	Gemuese waschen	7	7									
9	Gemuese schneiden	15	7	22								
10	Cafeteria anrufen	30		30								
11	Vorbereiten und servieren	15						73	88			

Anmerkung 1: Offensichtlich werden wir nicht mit dem Schneiden der Kartoffeln beginnen sobald wir sie eingekauft haben. Zur Vereinfachung haben wir die Zeit zwischen Einkauf und Schneiden vernachlässigt. Darüber hinaus beginnen wir in der Zwischenzeit sowieso mit der Vorbereitung der anderen Zutaten (Fleisch, Gemüse).

Anmerkung 2: Der Zeitplan, den wir in dieser Sektion erstellen, ist nicht komplett, da wir in ihm noch nicht die Risiken in Betracht gezogen haben. Im nächsten Kapiel werden wir Risikomanagement in unserem Zeitplan anwenden und ihn damit finalisieren.

Beispiel REEM Park: Der Zeitplan

Amanda hat die folgende Aufgabensequenz in ihrem Zeitplan für das Parkprojekt angewendet:

Erstens: Eine Besprechung mit dem Projektteam und erfahrenen Mitarbeitern der Städtischen Parkverwaltung wurde durchgeführt. Der Projektentwurf wurde überarbeitet und der

Zeitaufwand für jede Projektaufgabe wurde geschätzt. Die daraus resultierende Version des Projektentwurfs mit den eingefügten Zeitaufwänden sah folgendermaßen aus:

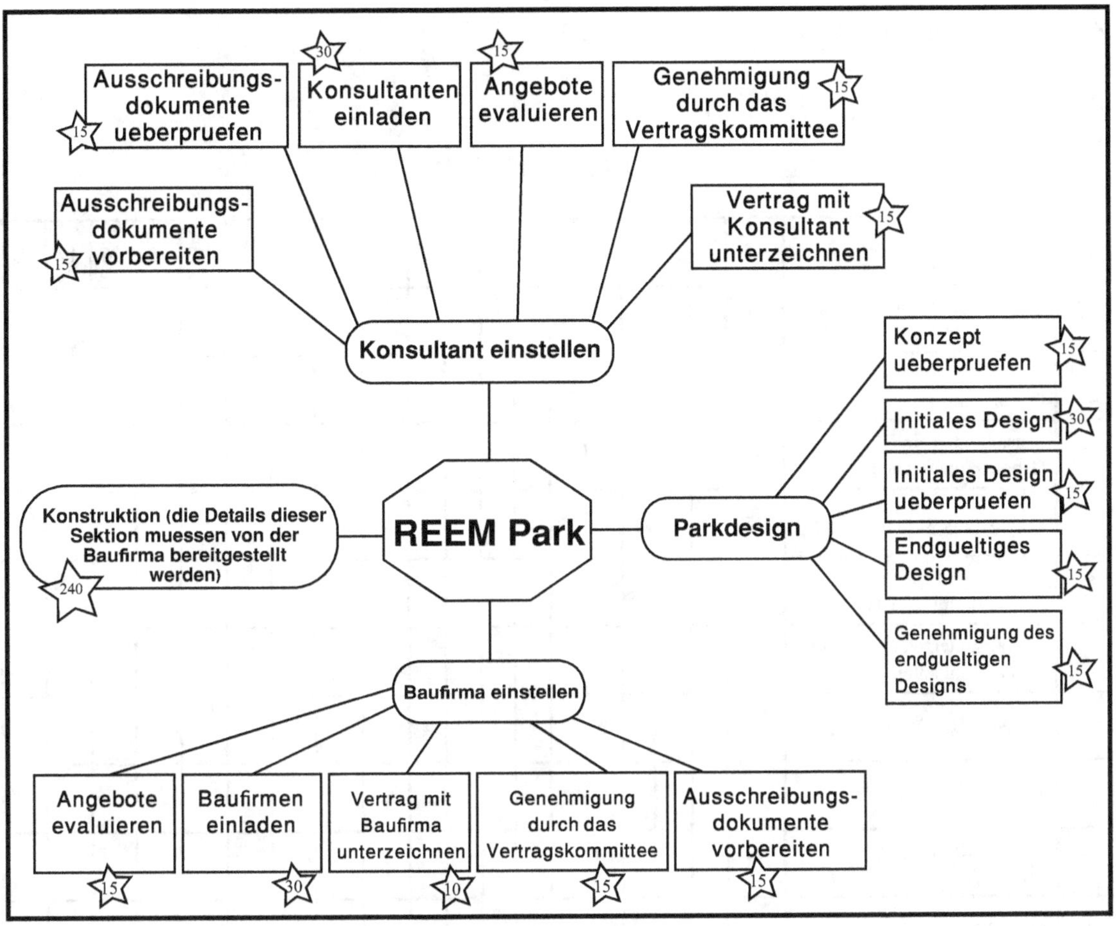

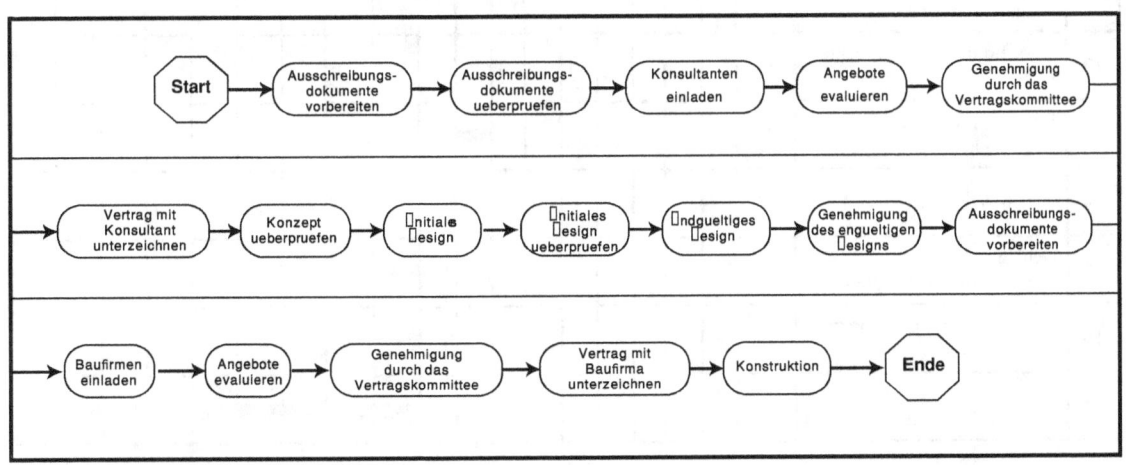

Zweitens: Ein Netzwerkdiagramm wurde für das Projekt ausgearbeitet:

Drittens: Die beiden vorangehenden Arbeiten wurden miteinander kombiniert, um den Zeitplan für das REEM Park-Projekt zu produzieren:

Zeiteinheit = Monat; Startdatum = 1. Juli 2010

Vorlage 12

Projektzeitplan

Nr.	Aufgabe	Zeit	1	2	3	4	5	6	7	8	9	10	11	12	13	14	15	16	17	18
1	Ausschreibungsdo-kumente vorbereiten	15	■																	
2	Ausschreibungsdo-kumente überprüfen	15	■																	
3	Konsultanten einladen, Gebote einzureichen	30		■																
4	Angebote bewerten	15			■															
5	Genehmigung des Vertragskommittees einholen	15			■															
6	Vertragsunterzeich-nung mit dem Konsultanten	15				■														
7	Konzeptüberprüfung	15				■														
8	Vorläufiges Design	30					■													
9	Vorläufiges Design überprüfen	15						■												
10	Endgültiges Design	15						■												
11	Genehmigung des endgültigen Designs	15							■											
12	Ausschreibungsdo-kumente vorbereiten	15							■											
13	Baufirmen einladen, Gebote einzureichen	30								■										
14	Angebote bewerten	15								■										
15	Genehmigung des Vertragskommittees einholen	15								■										
16	Vertragsunterzeich-nung mit der Baufirma	10									■									
17	Konstruktion	240										■	■	■	■	■	■	■	■	■

Anmerkung: Wochenenden und Feiertage wurden in den Zeitplan mit einbezogen. Wenn eine bestimmte Aufgabe also 1 Monat in Anspruch nimmt, so bedeutet das einschließlich aller Wochenenden und Feiertage. Ich habe das der Einfachheit halber so gehandhabt. Man könnte den Zeitplan auch weitaus komplexer gestalten, indem man Wochenenden, Feiertage und selbst Arbeitspausen (z.B. Mittagepause) in den Zeitplan mit einarbeitet.Vorteile der Benutzung dieser Vorlage

1   Sie haben den Projektentwurf nochmals überarbeitet.

2   Sie haben den Zeitaufwand der einzelnen Projektaufgaben abgeschätzt.

3   Sie haben die Projektaufgaben in Sequenz angeordnet.

4   Sie haben ein Diagramm, das das Projekt in ein oder zwei Seiten zusammenfasst.

Der Projektfinanzplan

Hier ist es unser Ziel, festzulegen, wie viel unser Projekt kosten wird. Um das zu bewerkstelligen, müssen wir zunächst die für jede Projektaufgabe benötigten Ressourcen identifizieren und uns sodann überlegen, wie viel uns diese Ressourcen kosten.

Die folgende Liste zeigt einige Beispiele für Ressourcen:

* Arbeitskräfte (Bauarbeiter, Spezialisten, usw.);

* Materialien;

* Test und Analyse (z.B. Testproben des in einem Bauprojekt eingesetzten Betons);

* Ausrüstung (Autos, Computer, usw.);

* Verbrauchsgüter (Benzin, Strom, usw.);

* Räume (z.B. Büros).

Wie man die Kosten abschätzt

Wie bereits bei der Schätzung des Zeitaufwandes kann man auch hier die folgenden Methoden heranziehen:

* Abschätzung durch Befragen von Experten;

* Abschätzung durch Vergleichen mit gleichartigen Aufgaben;

* Internet.

Beispiel: Wenn Sie als Teil eines Renovierungsprojektes in Ihrem Haus Holzböden legen wollen, können Sie die Kosten schätzen, indem Sie in einigen Fachbetrieben die Kosten anfragen. Anderes Beispiel: Wenn eine Firma in einem Stockwerk neue Netzwerkabel verlegen will, kann sie sich an den Kosten orientieren, die entstanden als die Arbeit auf einem anderen Stockwerk durchgeführt wurde.

Übung: Schätzen Sie die Kosten des Abendessen-Projektes (d.h. legen Sie das benötigte Budget fest)

Zuerst kreieren wir eine Ressourcentabelle, indem wir:

1 die benötigten Ressourcen für jede Aufgabe identifizieren (wir veranstalten das Abendessen für 5 eingeladene Gäste);

2 in Erfahrung bringen, ob die benötigten Ressourcen bereits vorhanden sind oder ob wir sie kaufen oder anmieten müssen;

3 die Kosten der Ressourcen schätzen;

4 alle Kosten addieren, um ein anfängliches Projektbudget zu erhalten (das Budget wird erst nach dem Risikomanagement finalisiert).

Anmerkung 1: Die Ressourcentabelle fasst viele Prozesse zusammen, die Sie angewendet haben, um die benötigten Ressourcen und deren Kosten zu identifizieren. Sie sollten die Aufzeichnungen, die Sie für Ihre Kalkulationen benutzt haben, aufbewahren, damit Sie sie während des Risikomanagements nochmals heranziehen können.

Anmerkung 2 : In einigen Projekten mögen die Kosten bestimmter Ressourcen so gering ausfallen, dass wir sie ignorieren können, z.B. der Benzinverbrauch für den Einkauf der Zutaten für das Abendessen-Projekt. Auf der anderen Seite kann benzinverbrauch signifikant sein (tausende von Euros), z.B. bei einem Bauprojekt, für das wir dutzende von Lastwagen zum Materialtransport einsetzen müssen.

Anmerkung 3 : Als wir das Netzwerkdiagamm erstellten, haben wir angenommen, dass alle Ressourcen überreichlich verfügbar waren. Wenn wir aber zur eigentlichen Budgetplanung kommen, könnten wir feststellen, dass es uns an Ressourcen mangelt, um eine oder mehrere Aufgaben gleichzeitig durchführen zu können. In solch einem Fall müssen wir die Aufgaben in Folgesequenz zueinander umstellen, anstatt sie parallel laufen zu lassen. Bitte erinnern Sie sich daran, dass der Zeitplan in großem Maße vom Netzwerkdiagramm abhängt. Wenn wir also das Netzwerkdiagramm ändern, so müssen wir auch den Zeitplan überarbeiten.

Vorlage 13

Dies ist die Ressourcentabelle für das Abendessen-Projekt:

Nr.	Aufgabe	Arbeitskräfte	Kosten / Kommentare	Ausrüstung / Materialien	Kosten / Kommentare
1	Fleisch kaufen	1 Person	Projektmanager	Auto + Preis des Fleisches	25 Euro
2	Fleisch würzen	Angestellter aus dem nahen Restaurant	20 Euro Entgelt	Gewürze	Verfügbar, daher kostenfrei
3	Fleisch braten	1 Person	Projektmanager	Grill	Verfügbar, daher kostenfrei
4	Kartoffeln kaufen	1 Person	Projektmanager	Preis der Kartoffeln	7 Euro
5	Kartoffeln schneiden	1 Person	Tochter	Küchenmesser	Verfügbar, daher kostenfrei
6	Kartoffeln frittieren	1 Person	Tocher	Frittieröl	8 Euro
7	Eiskreme kaufen	1 Person	Projektmanager	Preis der Eiskreme	7 Euro
8	Gemüse waschen	1 Person	Ehefrau	Gemüse	5 Euro
9	Gemüse schneiden	1 Person	Ehefrau	Küchenmesser	Verfügbar, daher kostenfrei
10	Restaurant wegen des Fruchtsaftes anrufen	1 Person	Projektmanager	Preis des Saftes + Telefonkosten	22 Euro
11	Präparieren und servieren	1 Person	Projektmanager	Servierschüsseln/-schalen; Teller; Bestecke	Verfügbar, daher kostenfrei
Gesamt			20 Euro	74 Euro	
Projekt Budget		94 Euro (für 5 Personen)			

Wichtig: Sie könnten entdecken, dass Sie zusätzliche Ressourcen benötigen, was sodann wieder eine Abänderung Ihres Projektzeitplans vonnöten macht. Zum Beispiel: Beim Abendessen-Projekt haben wir festgestellt, dass wir Speiseol brauchen. Wir müssen daher im Projektentwurf die Aufgabe des Kaufens von Speiseöl hinzufügen. Das müssen wir sodann auch im Netzwerkdiagramm und im Zeitplan berücksichtigen.

Beispiel REEM Park: Der Projektfinanzplan

Das REEM Park-Projekt ist in der Hinsicht anders, als dass die Kosten jenen Geldbetrag darstellen, den wir an die Konsultierungsfirma und den/die Bauunternehmen bezahlen, typischerweise in Teilzahlungen. Bevor wir uns an die Budgetkalkulation machen, muss ich den folgenden Punkt erklären:

- **Die Schwierigkeit der Kostenkalkulation bei manchen Projekten**

Die Schätzung der Kosten für Projektaufgaben wird zunehmend schwieriger je umfangreicher und komplexer ein Projekt ausfällt. Schauen wir uns dazu das Beispiel der Installierung von Stromleitungen in einem Wohnhaus an. Wir können die Kosten ermitteln, indem wir uns an die folgende Formel halten:

Kosten der Aufgabe = (Typen der benötigten Ausrüstung X Anzahl jedes Typs X Kosten jedes Typs) + (Typen der benötigten Materialien X Anzahl jedes Typs X Kosten jedes Typs) + (Typen der Facharbeiter X Anzahl jedes Typs X Entgelt pro Arbeiter)

Bitte beachten Sie, dass die Kalkulierung dieser Mengen viel Aufwand bei der Suche nach Informationen mit sich bringt. Deshalb haben viele Firmen Angestellte, die sich mit nichts anderem als solchen Kalkulationen beschäftigen.

Im Fall des REEM Park-Projektes werden die Konsultierungsfirma und der/die Bauunternehmen ihre Kosten einreichen. Amanda muss jedoch sicherstellen, dass diese im Rahmen und fair sind. Sie muss außerdem die Stadtverwaltung (bzw. die Städtische Finanzverwaltung) mit diesen Zahlen versorgen, die als Basis für die Beiseitestellung einer „Nofallreserve" für das Projekt dienen. Was Amanda darüber hinaus tun kann, ist, einen fairen Marktpreis in Erfahrung zu bringen, indem sie bei verschiedenen anderen Konsultierungsfirmen und Bauunternehmen Kontakt anfrägt. Bei Park- und anderen Bauprojekten orientieren sich Preise üblicherweise nach den Kosten pro Quadratmeter. Wir nehmen deshalb an dieser Stelle an, dass Amanda solche Kontakte gepflegt hat und einen durchschnittlichen Marktpreis von 350 Euro pro Quadrameter kalkuliert hat. Alles was sie nun zu tun hat, ist, diese Zahl mit der Gesamtfläche des Parks zu multiplizieren:

Kosten des Parks = Fläche in Quadratmeter X Preis pro Quadratmeter

= (60m X 122m) X 350 Euro = 2.562.000 Euro

Nun verfügen Amanda und ihr Projektteam letztendlich über ein Budget, das sie an die Finanzverwaltung weiterreichen können. Außerdem kann es als Vergleichbasis für die von der Konsultierungsfirma und dem/den Bauunternehmen mitgeteilten Kosten dienen.

Anmerkung: Die geschätzten Kosten von etwa 2,5 Millionen Euro schließen sowohl das Entgelt für die Konsultierungsfirma (die das Parkdesign erstellt) als auch für den/die Bauunternehmen ein. Bei dieser Art von Projekten erhält die Konsultierungsfirma üblicherweise einen Prozentanteil der Konstruktionskosten (z.B. 4 %). Bezahlt wird außerdem in im Voraus vereinbarten Teilzahlungen (im Fall der Konsultierungsfirma z.B. 20 % des Gesamtbetrages nach Vertragsunterzeichnung, weitere 50 % nach Präsentierung des Erstdesigns, usw.). Das Bauuntenehmen mag in gleicher Weise vergütet werden, je nach Fortschritt der Baumaßnahmen. Jeder Auftraggeber folgt jedoch seiner hauseigenen Methode der Kostenkalkulation für ein Projekt. Der Projektmanager muss daher stets der jeweiligen Methode für die Kostenkalkulation folgen.

Vorteile der Benutzung der Ressourcentabelle-Vorlage

1   Sie haben den Projektentwurf nochmals überarbeitet.

2   Sie haben die für das Projekt benötigten Ressourcen abgeschätzt.

3   Sie haben die Kosten der verschiedenen Projektaufgaben geschätzt.

4   Sie haben ein geschätztes Budget für das Projekt kalkuliert.

Der Bewertungsplan zur Auswahl von Vertragsfirmen

In vielen Fällen wird das Projektteam nicht imstande sein, das Projekt alleinig auszuführen und bedarf daher Hilfe von außen. Das wird als „vertragliche Dienstleistungen" bezeichnet und umfasst zum Beispiel den Bedarf für eine Firma, die das Design für ein Hochhaus entwirft oder jenes errichtet; oder für eine Firma, die eine Webseite entwirft; oder für eine Firma, die eine Studie über die interne Effizienz einer Organisation durchführt. Wie wählt man aber nun die am besten geeignete Vertragsfirma aus den vielen zur Verfügung stehenden Kandidaten aus? Wir müssen zuerst einmal Kriterien etablieren, mit deren Hilfe wir die verschiedenen Firmen bewerten.

Die Prozedur zur Auswahl von Vertragsfirmen

Normalerweise wird die Auswahl bei der Auswahl externer Hilfe für Ihr Projekt den nachstehenden Schritten folgen:

1 Aus dem Projektentwurf werden Sie erkennen, dass Sie die eine oder andere Vertragsfirma zu Hilfe ziehen müssen.

2 Bereiten Sie Dokumente vor, in denen Sie ausreichend erklären, welchen Anforderungen Ihr Projekt unterworfen ist und welche Art von Vertragsfirmen Sie benötigen. Schließen Sie Konditionen mit ein.

3 Senden Sie diese Dokumente zu potentiellen Vertragsfirmen, von denen Sie glauben, dass Sie Ihre Anforderungen erfüllen können.

4 Erhalten Sie Dokumente interessierter Vertragsfirmen, die Ihnen deren Preise darlegen und wie sie die notwendigen Arbeiten zu verrichten gedenken.

5 Bewerten Sie diese Vorschläge und wählen Sie den/die geeignetsten Vertragsfrimen aus.

6 Unterzeichnen Sie einen Vertrag mit der/den Firma/Firmen und verfolgen Sie, nach deren Arbeitsaufnahme, den Fortschritt.

Die oben genannten Schritte finden während der Projektausführung statt (ausgenommen Schritt 1, natürlich). Wir befinden uns aber noch immer in der Planungsphase. Unser weiterführender Job ist die Projektausführung. Deshalb bereiten wir nun die Auswahlvorlage vor. Wir benötigen dazu folgendes:

Erstens: Eine Balanze zwischen Preis und Qualität der zur Verfügung gestellten Dienste

Wenn eine Firma ein Angebot einreicht, wird es zwei Arten von Information enthalten: den Preis für die Dienstleistung (das Preisangebot) und die Methode, mit der sie die aufgetragene Dienstleistung zu bewerkstelligen gedenkt (die technische Ausführung). Wenn wir das Angebot lediglich nach einer dieser beiden Arten evaluieren, riskieren wir folgendes

Situation	Risiko
Die Baufirma wird lediglich aufgrund der Preisquotierung ausgewählt	Einige Baufirmen opfern Bauqualität für die Möglichkeit, einen wettbewerbsfähigeren Preis quotieren zu können; Größere Baufirmen könnten an dem Projekt nicht interessiert sein, da sie nicht wie kleinere Firmen mit niedrigeren Profitmargen zufrieden sind.
Die Auswahl erfolgt aufgrund der Bauqualität	Der Preis mag übertrieben sein; Kleinere Baufirmen können mit größeren nicht mithalten, die üblicherweise bessere Bauqualität bieten.

Deshalb müssen wir eine Balanze zwischen Preis und Qualität finden. Das tun wir auch im täglichen Leben, wenn wir uns durch Vergleich von Preis und Optionen für bestimmte Güter oder Dienstleistungen entscheiden, während wir andere ablehnen. Wir können einen jeweiligen Prozentsatz für das Preisangebot und die technische Ausführung offerieren, um beide zu balanzieren, so wie in der nächsten Tabelle dargestellt:

Absicht	Beispiele für Prozentsätze
Wenn man auf die beste Qualität aus ist	Finanzielles Angebot 20 % Technisches Angebot 80 %
Wenn man auf den besten Preis aus ist	Finanzielles Angebot 10 % Technisches Angebot 90 %
Balanze zwischen Qualität und Preis	Finanzielles Angebot 50 % Technisches Angebot 50 %

Bitte beachten Sie, dass es sich hier lediglich um Beispiele handelt. Jede Firma arbeitet ihre eigene Balanze zwischen Kosten und Qualität aus. Das geschieht zumeist auf den Grundlagen der Wichtigkeit des Projektes und des verfügbaren Budgets.

Zweitens: Die Entscheidung über die Bewertungskriterien

Bewetungskriterien sind Elemente, die uns offenbaren, wie passend die Dienste einer Vertragsfirma für unser Projekt sind. Die Kriterien müssen verschiedene Elemente umfassen, damit das Projektteam einen ausgerundeten Eindruck der potentiellen Vertragsfirma erhält. Beispielsweise mag eine Firma ausgezeichnet bei der Dienstleistung abschneiden, die wir benötigen, hat aber bislang noch an keinen Projekte in unserem Teil der Welt gearbeitet. Das birgt die Gefaht, dass die Firma Probleme mit einheimischen Zulieferern oder Ämtern bekommen könnte.

Für die Bewertung des Preisangebotes gibt es normalerweise nur ein Kriterium: Wie viel wird uns die Firma berechnen? Bei der technischen Ausführung werden wir generell mehrere Elemente berücksichtigen müssen, zum Beispiel:

• Die Qualifikation des von der Vertragfirm eingesetzten Projektteams;

• Die generelle Erfahrung der Firma (bei der Ausführung dieser Art von Projekten);

• Ob die Firma über die nötige internationale Zertifikation verfügt, z.B. ISO-9001.

Drittens: Wie wir die Bewertungskriterien balanzieren

Nachdem wir die Bewertungselemente der technischen Ausführung festgelegt haben, müssen wir entscheiden, wie wir diese balanzieren. Das wird vom Typ der Dienstleistung abhängen.

Beispiel: Wenn die Dienstleistung ein intellektuelles Produkt ist, werden wir den akademischen Qualifikationen der Personen, die die Dienstleistung durchführen, mehr Gewicht verleihen.

Beispiel REEM Park: Der Bewertungsplan zur Auswahl von Vertragsfirmen

Zuallererst hat Amanda die Vertragsabteilung kontaktiert, um herauszufinden, was die offizielle Prozedur der Balanzierung von Preisangebot und technischer Ausführung ist. Sie erfuhr, dass beide mit jeweils 50 % Bewertungsgewicht gehandhabt werden. Amanda war mit dieser Aufteilung jedoch nicht zufrieden, denn es würde die Chance erhöhen, eine Baufirma unter Vertrag zu nehmen, deren Arbeitsqualität weniger als adequat ist (obgleich sie vielleicht einen niedrigeren Preis anbietet). Sie traf sich mit dem Manager der Parkverwaltung und überzeugte ihn, einen Brief an den Manager der Vertragsabteilung aufsetzen. In diesem wurde die Wichtigkeit des REEM-Projektes beschrieben und einigen Fällen aus der Vergangenheit gegenüber gestellt, die aufgrund schlecht ausgewählter Bauunternehmen problematisch verliefen und sich verzögerten. Der Manager der Parkverwaltung fragte in seinem Brief an, den Prozentsatz des Preisangebots auf 30 % und den der technischen Ausführungs auf 70 % Tragegewicht zu ändern. Das würde die Chance erhöhen, dass für das REEM-Projekt ein Bauunternehmen mit besserer Arbeitsqualität ausgewählt werden würde, da dem Preisaspekt weniger Gewicht verliehen wird.

Danach rief Amanda ihr Projektteam für ein Brainstorming zusammen, welche Elemente in die Bewertung der technischen Ausführung Eingang finden sollten. Das Team entschloss sich zur Aufnahme der folgenden Elemente:

* Erfahrung der Firma auf dem technischen Gebiet des Projektes;

* Anzahl gleichartiger Projekte, die von der Firma durchgeführt wurden;

* Erfahrung der Firma in der Region;

* Qualifikationen der Projektteammitglieder (der Firma);

* Einhaltung des Projektumfanges, der vom REEM-Projektteam festgelegt wurde;

* Besitz einer ISO-9001-Zertifikation.

Amanda schlug außerdem die Aufnahme des zusätzlichen Elements der Beurteilung der finanziellen Stabilität der Baufirma vor, da sich der globale Markt gegenwärtig einer Finnzkrise ausgesetzt war. Für diesen Zweck forderte Amanda von den in Betracht gezogenen Firmen Finanzberichte und Bankgarantiern an.

Zu guter Letzt entschied das Projektteam über die Prozentsätze der einzelnen Bewertungselemente und bereitete die Bewertungsvorlage wir folgt zu:

Vorlage 14

Technische Bewertung für REEM Park

Vergleichskriterien	Gewicht	Firma 1	Firma 2	Firma 3	Firma 4	Firma 5
Erfahrung des Firma auf dem technischen Gebiet des Projektes	10					
Gleichartige Projekte in der Vergangenheit bewältigt	10					
Erfahrung der Firma in der Region	10					
Qualifikationen der Projektteammitglieder	25					
Finanzielle Stabilität	10					
Beachtung des Dienstleistungsumfangs wie vom REEM Projektteam dargelegt	25					
Besitz einer ISO-9001 Zertifikation	10					
Gesamt	100					
Unterschrift						

Anmerkung: Einige Änderungsanfragen bedürfen sofortiger Beantwortung, selbst noch vor Ausfüllung eines Formulars. Nehmen Sie zum Beispiel einen Bauunfall, der nach einer sofortigen Änderung der Baumethoden/Sicherheitsvorkehrungen verlangt, um eine Wiederholung auszuschließen.

Vorteile der Benutzung dieser Vorlage

1 Sie haben eine Vorlage kreiert, mit deren Hilfe die von verschiedenen potentiellen Vertragsfirmen eingegangenen Angebote bewerten können.

2 Die Vorlage hilft bei der Dokumentation des Bewertungsprozesses, was auch vom legalen Blickwinkel wichtig ist.

Plan für eventuelle Projektänderungen

Sie werden Änderungen innerhalb Ihres Projektes niemals vollständig vermeiden können. Einige Änderungen können sich in der Tat auch als vorteilhaft für ein Projekt erweisen. Das Projekt muss flexibel bleiben. Anstatt Änderungsanfragen kategorisch zu ignorieren, ist es besser, ein System bereitzustellen, mit dessen Hilfe solche Änderungsanfragen bewertet und in einem angemssenen Zeitrahmen auf organisierte Weise bearbeitet und beantwortet werden können. Nachfolgend sehen Sie einige Beispiele für mögliche Projektänderungen:

• Der Sponsor möchte ein zusätzliches Zimmer in seinem Haus einbauen;

• Die IT-Abteilung will ein zusätzliches Modul für Voice Mailing in ihr neues Aktivitätenverfolgungs-Projekt integrieren;

• Da der Preis für Marmor bedeutend billiger geworden ist, möchte der Sponsor im Esszimmer seines Hauses anstatt eines Holzparkettbodens nunmehr einen Marmorboden legen;

• Das Bauunternehmen fragt beim Sponsor wegen verschiedener Gründe um eine Verlängerung der ursprünglich festgelegten Bauzeit an.

Um diesen Prozess der Änderungen zu organisieren, muss der Projektmanager folgendes tun:

1 Vorbereitung einer Änderungsanfrageformulars, von der Kopien an Interessenvertreter verteilt werden, die einflussreich genug sind, solche Änderungsanfragen einbringen zu können;

2 Festlegung eines Mechanismus zur Bewertung und Beantwortung solcher Änderungsanfragen.

Anmerkung: Der Bewertungslpan für die Bauunternehmen – so wie wir ihn in dieser Sektion diskutiert haben – wird bei mittleren bis großen Projekten angewandt, bei denen eine Beschreibung der benötigten Dienstleistung niedergeschrieben und offiziell bei potentiellen Vertragsfirmen eingereicht wird. Die gleichen Prinzipien können aber auch bei kleinen Projekten angewendet werden, indem man die Auswahlkriterien festlegt und die Vorlage ausfüllt, indem man potentielle Vertragsfirmen entweder direkt vor Ort oder telefonisch befragt.

Beispiel REEM Park: Änderungsanfragen

Amanda und ihr Team haben das folgende Änerungsanfragenformular erarbeitet:

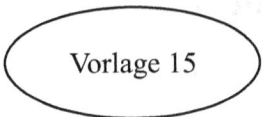

Vorlage 15

Änderungsantragsformular Nr.: REEM Park Projekt	
Beschreibung der Änderung	
Grund für die Änderung	
Name des Antragsstellers	
Datum	
Mögliche Effekte falls der Antrag genehmigt wird	
Ist der Antrag genehmigt?	JA NEIN Gründe:
Unterschrift des Projektmanagers	

Das Team hat außerdem das folgende System kreiert um auf Änderungsanfragen einzugehen:

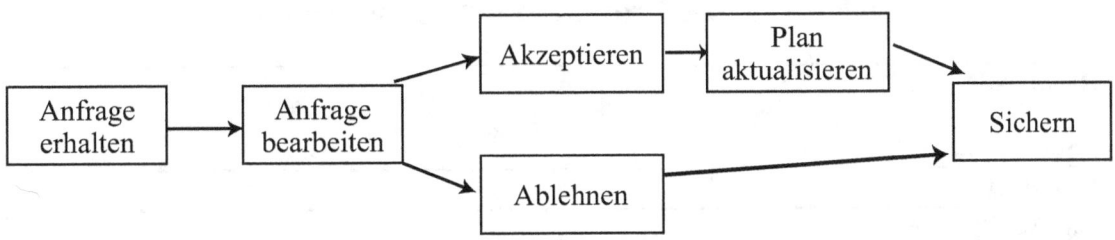

Vorteile der Benutzung dieser Vorlage:

1   Sie haben den Änderungsprozess innerhalb Ihres Projektes organisiert.

2   Die Vorlage hilft dabei, alle Änderungsanfragen zu dokumentieren.

3   Da die Vorlage ausgefüllt und gründe für die Änderung genannt werden müssen, werden

die entsprechenden Personen zweimal überdenken, ob sie einen solchen Änderungsantrag überhaupt einreichen sollen.

Berichterstattung über den Projektfortschritt

Während der Projektdurchführung sollte der Projektmanager regelmäßig Fortschrittsberichte verausgaben, die Angaben enthalten wie:

• Wie viele Prozent der Gesamtarbeit ausgeführt sind;

• Risiken, denen das Projekt ausgesetz war oder die noch auftreten können;

• Gelernte Lektionen;

• Finanzinformation.

Diese Informationen werden aus Rationalisierungsgründen in einer Vorlage zusammen gefasst.

Beispiel REEM Park: Berichterstattung über den Projektfortschritt

Das Projektteam und Amanda sind überein gekommen, dass Amanda während der Asuführungsphase monatlich einen Fortschrittsbericht verausgaben wird. Man hat zusammen die folgende Vorlage erstellt:

Vorlage 16

REEM Park Projekt: Fortschrittsreport

Report Nr.:	
Datum:	
Projektstatus	
Tage Verzögerung	
In diesem Monat komplettierte Aufgaben	
Risiken, mit denen das Projekt konfrontiert ist	
Neue Risiken	
Bevorstehende Aufgaben	
Gelernte Lektionen	
Unterschrift des Projektmanagers	

Vorteil der Benutzung dieser Vorlage

Sie haben die Informationen identifiziert, die Sie während der Projektausführung mit anderen Parteien teilen wollen.

Kapitel 5
Endgültige Planung

In diesem Kapitel werden wir die Werkzeuge und Techniken des Risikomanagement benutzen, mit deren Hilfe Sie Ihre Planung nochmals überarbeiten. Alsbald steht die Projektdurchführung an. Deshalb muss das Projektteam sicherstellen, dass die Vorlagen für die Planung nur minimalste Fehler enthalten und sich nicht gegenseitig widersprechen, damit sie während der Projektdurchführung unbedenklich angewendet werden können.

Risikomanagement

Die Identifizierung von Risiken und die Erstellung von Maßnahmen, diese unter Kontrolle zu halten, mag die allerwichtigste Einzelaufgabe eines Projektmanagers darstellen. Mit dem Wort „Risiken" beschreibe ich Vorfälle, die sich während der Projektdurchführung ereignen und das Projekt negativ beeinflussen können. Dazu gehören zum Beispiel Verzögerung des Projekts, Erhöhung des benötigten Budgets oder gar vorzeitige Stornierung des Projektes. Aufbauend auf dieser Definition, eien Sie sich bitte im Klaren darüber, dass wir über mögliche Vorfälle in der Zukunft sprechen, die auftreten können oder auch nicht. Was auch immer geschehen mag, wir stellen sicher, von vornherein Maßnahmen bereitzustellen (die bei Anwendung Ressourcen kosten können) weil es ganz einfach besser ist, im Falle des Falles gewappnet zu sein. Nachfolgend finden Sie einige Beispiele für Projektrisiken:

- Die Lieferung von für bestimmte Projektaufgaben benötigter Ausrüstung verzögert sich;

- Benötigte Materialen erfahren eine plötzliche Preiserhöhung;

- Das für das Projekt unter Vertrag genommene Bauunternehmen macht bankrott;

- Mangelnde Kommunikation zwischen dem Projektteam und den hauptsächlichen Interessenvertretern;

- Probleme mit der Bargeldbezahlung;

- Neue amtliche Verordnungen, die das Projekt beeinflussen;

- Designfehler, Spezifikationsfehler;

- Der Tod des Projektmanagers!!

Vorteile des Risikomanagements bei Projekten

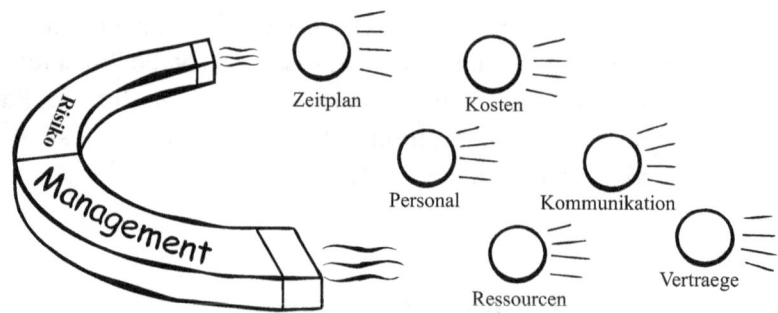

Risk Management pulls everything together

Ich benutze gerne die Analogie, dass Risikomanagement wie ein Magnet wirkt, denn es bringt die verschiedenen Elemente eines Projektplans zusammen, wie zum Beispiel das Interessenvertretermanagement, den Zeitplan und Qualitätsplan. Das ermöglicht einen besseren Überblick des Projekts und identifiziert mögliche Konflikte, wie zum Beispiel:

• Die Qualitätsanforderungen für eine bestimmte Aufgabe verlangen nach einem höheren Budget als ursprünglich geplant;

• Der Plan zur Informationsteilung scheitert, denn er schließt einige wichtige Interessenvertreter nicht mit ein;

• Die verfügbaren Ressourcen verhindern, dass gewisse Aufgaben wie im Zeitplan dargelegt parallel ausgeführt werden können.

Risikomanagement gibt demnach dem Projektteam die Möglichkeit, die Planung zu überprüfen und sämtliche Annahmen auszutesten.

Projektanfälligkeit für Risiken

Die Durchführung von Risikomanagement benötigt viel Zeit und Ressourcen. Bevor Sie also beginnen, sollten Sie sich darüber klar werden, wie gründlich Sie in Ihrer Analyse vorgehen und wie viele Ressourcen Sie bei der Risikokontrolle aufwenden wollen. Als Faustregel gilt: Je wichtiger das Projekt ist, desto gründlicher sollte unser Augenmerk auf den möglichen Risiken liegen. „Gründlicher" bedeutet hier, dass unser Projektteam mehr Zeit für die Identifizierung der Risiken aufwenden wird und wahrscheinlich auch auf eine größere Anzahl von Risiken reagieren werden muss. Das Team wird außerdem gewillt sein, einen größeren Anteil des Projektbudgets für Risikokontrolle zu verwenden. Nachfolgend sind einige Beispiele für Faktoren, die die Wichtigkeit eines Projektes erhöhen, was im gleichen Zug die Anfälligkeit für Risiken nach oben schraubt:

• Das Projekt ist direkt vernetzt mit der Erreichung strategischer Ziele innerhalb der Organisation;

- Das Projekt wird direkt den Leumund der Organisation beeinflussen;

- Ein großes Budget wird eingesetzt;

- Der Zeitplan für das Projekt ist starr und es gibt keinerlei Möglichkeit für Ausweitung.

Man kann die Risikoanfälligkeit auf quantitativem oder qualitativem Wege analysieren. Der qualitative Weg ist einfacher und schneller. Zuallererst sollte der Projektmanager mit dem Sponsor ausdiskutieren, wie wichtig das Projekt ist und wie viele Ressourcen zur Vermeidung von Problemen bereitgestellt werden sollen. Während eines anschließenden Brainstorming mit dem Projektteam vergibt der Projektmanager dem Projekt eine Bewertung über dessen Risikoanfälligkeit: hoch, mittel oder niedrig. Hier sind einige Beispiele mit welcher Sensibilität man bewerten sollte:

1 Wenn die generelle Sensibilität niedrig ist und die Meinungen über verschiedene Risikofaktoren weit auseinander gehen, kann man den jeweilig betreffenden Risikofaktor mit der niedrigsten vorherrschenden Bewertung versehen;

2 Wenn die Sensibilität hoch ist, muss das Team mehr Augenmerk auf die Identifizierung der Risiken legen;

3 Wenn die Sensibilität hoch ist, muss das Team gewillt sein, mehr Ressourcen zur Risikokontrolle einzusetzen.

Der Lebenszyklus des Risikomanagements

Wenn wir Risikomanagement durchführen, gehen wir druch die folgenden Phasen:

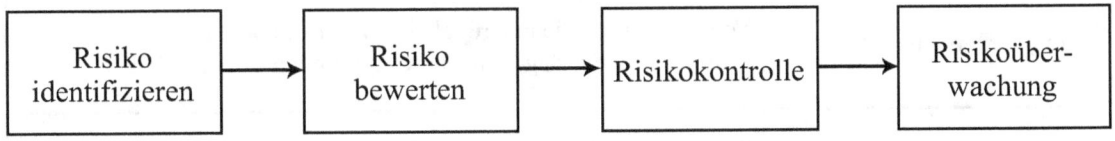

Phase 1: Identifizierung der Risiken

Die Identifizierung der Risiken ist eine Übung intelligenten Ratens, was während der Projektdurchführung schieflaufen könnte. Sie sollten deshalb alle denkbaren Möglichkeiten und Szenarien durchspielen, denen sich Ihr Projekt ausgesetzt sehen könnte und die zu einem negativen Resultat führen könnten. Es gibt viele verschiedene Arten, Risiken zu identifizieren. Ich stelle hier zwei der nützlichsten vor:

- **Erstens: Brainstorming bezüglich des Projektumfangs**

Der Projektmanager hält Besprechungen mit dem Projektteam und ausgewählten Interessenvertretern, umd den Projektumfang nochmals durchzuarbeiten und darüber nachzudenken, was schieflaufen könnte. Wie generell beim Brainstorming, sollte man auch hier die aktive Mitarbeit aller Parteien ermutigen und die Qaulität der eingebrachten Ideen nicht vorschnell beurteilen. Das Brainstorming kann durch die Einladung von Experten in den technischen Gebieten des Projekts noch verbessert werden, denn sie können aufgrund ihrer Erfahrung mögliche Risiken aufzeigen. Wenn Sie also zum Beispiel ein IT-Projekt verfolgen, das Programmieren involviert, laden Sie einen Programmierer ein. Er kann den Projektumfang betrachten und seine Gedanken einbringen, was schieflaufen könnte.

> Bisweilen sind der Projektmanager und das Team neu bei der Organisation, die das Projekt sponsert. In solch einem Fall ist es wichtig, Leute einzuladen, die schon länger der Organisation angehören und hilfreich bei der Identifizierung von Risiken sein können, die auf firmeninternen Prozeduren beruhen (z.B. Schwierigkeiten aufgrund der Umständlichkeit bei Genehmigungsprozessen).

- **Überarbeitung der Projektdokumentation**

In diesem Stadium haben sich viele Vorlagen angesammelt und wir können diese auf Komplettheit und Fehler überprüfen. Wir können sie zudem auf Konflikte miteinander vergleichen. Die nachfolgende Tabelle zeigt Methoden zur Überprüfung der einzelnen Vorlagen:

Vorlage	Wie man die Vorlage überarbeitet/überprüft
Durchführbarkeitsstudie	Vergleichen Sie die ursprünglichen Projektziele mit der Projektrahmenvorlage um Übereinstimmung sicherzustellen
Projektteamplan	Sind alle Verantwortlichkeiten fair verteilt? Existieren Konfliktzonen zwischen den Verantwortlichkeiten? Ist die Arbeitsbelastung räsonabel? Wurden alle Aufgaben verteilt? Haben alle Teammitglieder für ihre jeweiligen Verantwortlichkeiten unterschrieben?
Interessenvertreter Managementplan	Haben wir alle Interessenvertreter indentifiziert? Existieren Konfliktzonen zwischen den Anforderungen einzelner Interessenvertreter und den Projektobjektiven?

Informationsmanagementplan (Kommunikation)	Haben wir alle Personen identifiziert, denen relevante Informationen über das Projekt zugänglich gemacht werden müssen? Ist die Methode und Frequenz der Informationenverteilung adequat? Haben wir ein Teammitglied dazu ernannt, die Informationen zu versenden?
Projektentwurf	Haben wir alle Aufgaben innerhalb des Projektes identifiziert?
Qualitätsplan	Ist es angesichts der verfügbaren Zeit und Ressourcen räsonabel (und möglich), die geforderte Qualität zu erreichen? Schließt die Qualität „Vergoldungen" mit ein?
Zeitplan	Haben wir die benötigte Zeit zur Erledigung einzelner Aufgaben korrekt abgeschätzt? Haben wir die einzelnen Aufgaben korrekt im Netzwerkdiagramm plaziert?
Budget	Haben wir das benötigten ressourcen (und das Budget) für die einzelnen Projektaufgaben korrekt abgeschätzt? Haben wir genügend ressourcen zur Hand um den Zeitplan einzuhalten?
Plan zur Auswahl der Vertragsfirma/en	Sind die Auswahlkriterien für das Projekt adequat? Wie exakt und divers sind die Auswahlkriterien?
Projektänderungsplan	Haben wir eine Vorlage für Änderungsanfragen kreiert/verfügbar? Auf welche Weise verteilen wir die Vorlage an relevante Interessenvertreter? Sind die Rollen und Verantwortlichkeiten bezüglich des Erhalts oder der :Uberarbeitung der Vorlage deutlich definiert?

Zur Überarbeitung der Vorlagen schlage ich die folgenden Schritte vor:

1 Sammeln Sie alle Vorlagen ein, die bislang fur das Projekt ausgefüllt wurden;

2 Machen Sie Fotokopien und verteilen Sie sie an das Projektteam;

3 Verteilen Sie auch Kopien an Personen, die nicht an der Ausfüllung der Vorlagen beteiligt waren (z.B. Kollegen, Experten in der Firma);

4 Bitten Sie jeden, sich die Vorlagen genau durchzuschauen (unter Zuhilfenahme der obigen Tabelle als Richtlinie) und laden Sie alle am nächsten Tag zu einer Besprechung zur Diskutierung ihrer Observationen ein;

5 Nehmen Sie alle geäußerten Bedenken als Risikofaktoren an und fügen Sie sie der Liste hinzu, die Sie bereits mit Hilfe der ersten Mehtode zusammengestellt haben.

Dieser Schritt der Überarbeitung der Projektvorlagen ist im Rahmen des Projektbuches äußerst wichtig. Überspringen Sie ihn deshalb bitte nicht.

Übung: Identifizieren Sie die potentiellen Risiken des Abendessen-Projektes

Hier ist eine Liste der potentiellen Risiken:

• Gute Fleischqualität kann nicht eingekauft werden;

• Nahrungsmittelpreise sind einer plötzlichen Preissteigerung unterworfen;

• Das Auto springt nicht an;

• Das Fleisch verbrennt während des Garens;

• Der Supermarkt hat keine Qualitätskartoffeln verfügbar;

• Das Kochgas geht während des Kochens aus;

• Die Cafeteria verzögert die Anlieferung des Fruchtsaftes;

• Die Kartoffeln sind nicht durchgekocht.

Phase 2: Einstufung der Risiken

Die Risikoeinstufung ist aus zweierlei Gründen wichtig:

1 Die Anzahl der Risiken: Wahrscheinlich werden Sie durch das Brainstorming und die Überarbeitung der Vorlagen eine Menge an potentiellen Risiken identifizieren. Alle von ihnen anzusprechen ist jedoch Zeitverschwendung, da nicht alle ernstlicher Natur sind.

2 Die Ressourcen sind beschränkt: Ihr Ziel beim Risikomanagement ist nicht nur die Identifizierung der Risiken, sondern auch wie man sie unter Kontrolle hält. Das verlangt jedoch nach der Bereitstellung einiger Projektressourcen (Arbeitskräfte, Zeit, Geld). Dabei ist aber die Wahrscheinlichkeit, dass sich einige der Risiken während der Projektausführung materialisieren, gering. Selbst wenn sie eintreffen sollten, so haben sie einen minimalen Effekt, der den Aufwand an Projektressourcen nicht gerechtfertigt.

Die Einstufung der Risiken ist daher eine logische und geradlinige Übung. Um sie so glatt wie möglich zu bewerkstelligen, müssen wir zwei Punkte beachten:

Erstens: Die Risikoformel

Wir können Risiken durch die nachfolgende Formel mathematisch definieren:

Risiko = Chance des Eintretens x Potentieller Effekt

Die Formel definiert „Risiko" als „Vorfall, der dem Projekt einen Verlsut zufügt" (z.B. Zeitverzögerung).

Die Formel definiert „Chance des Eintretens" als „die Wahrscheinlichkeit, dass der Vorfall in der Zukunft tatsächlich eintreten wird" (z.B. höchst wahrscheinlich).

Die Formel definiert „Potentieller Effekt" als „falls der Vorfall eintritt, wie stark ist sein Effekt auf das Projekt?" (z.B. 1 Tag Zeitverzögerung).

Diese Formel ist sehr wichtig, denn wir werden Sie bei der Einstufung der Risiken verwenden und – später – bei deren Kontrolle. Sie hilft uns beim Nachdenken über die grundsätzlichen Komponenten von Risiken (Chance und Effekt) und dabei, diese besser zu verstehen. Das wiederum hilft uns dabei, bessere Entscheidungen basierend auf Verständnis und nicht bloßen Ratens zu treffen. Aus der Risikoformel können wir folgendes ableiten:

- Ist die Chance des Eintretens höher (oder niedriger), dann erhöht (oder verringert) sich auch das Risiko dementsprechend;

- Ist der potentielle Effekt höher (oder niedriger), dann erhöht (oder verringert) sich auch das Risiko dementsprechend.

Zur Einstufung von Risiken müssen wir uns also SOWOHL auf die Chance ALS AUCH den potentiellen Effekt beziehen. Die nachfolgende Tabelle gibt Beispiele für die Elemente der Risikoformel:

Risiko (Vorfall)	Chance des Eintreffens	Potentieller Effekt
Es ist nicht genügend Budget vorhanden um das Projekt zu beginnen	NIEDRIG, da bereits im Voraus die Kommunikation mit der Finanzabteilung angeknüpft wurde	HOCH, weil es zur Stornierung des Projektes führen kann

Verzögerung bei der Anlieferung benötigter Ausrüstung	MITTEL, weil die Ausrüstung aus einem anderen Bundesland angeliefert wird	MITTEL, weil es auch möglich ist, die Ausrüstung anderswo zu mieten
Plötzlicher Preisanstieg für Bauholz während eines Bauprojektes für ein Landhaus	NIEDRIG, weil es auf dem Holzmarkt keinerlei Anzeichen für einen kurzfristigen Preisanstieg gibt	HOCH, weil für den Bau des Landhauses sehr viel Holz benötigt wird
Ungenügende Kommunikation zwischen dem Projektteam und einigen wichtigen Interessenvertretern	HOCH, da die Interessenvertreter nicht identifiziert wurden	HOCH, weil die Interessenvertreter die Stärke und das Interesse haben, das Projekt in Richtung ihrer Bedürfnisse zu leiten

Zweitens: Die Risikomatrize

Da ein Risiko das Produkt zweier Faktoren (Chance und Effekt) darstellt, können wir für ein schnelleres Resultat eine sogenannte „Risikomatrize" benutzen. Sie ist grundsätzlich ein Raster, in em Chance vertikal und Effekt horizontal (oder anders herum) repräsentiert ist, so wie in der untenstehenden Grafik dargestellt:

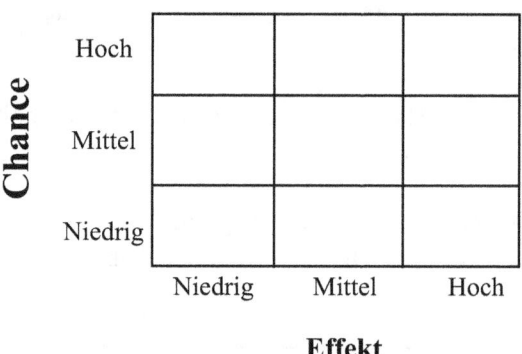

Effekt

Beachten Sie, dass es in der Matrize jeweils 3 mögliche Bewertungen für Chance und Effekt gibt: hoch, mittel, niedrig. Dementsprechend gibt es 9 mögliche Resultate, illustriert durch die 9 Kästchen, die das Ausmaß (die Größe) des betreffenden Risikos widerspiegeln.

Die Benutzung der Matrize ist sehr einfach. Entscheiden Sie über die Risikochance und den –effekt und ziehen Sie von den Chance- und Effektachsen ausgehende gerade Linien quer durch die Matrize. Die Schnittstelle stellt das Risikoresultat dar, so wie untenstehend als Beispiel dargestellt:

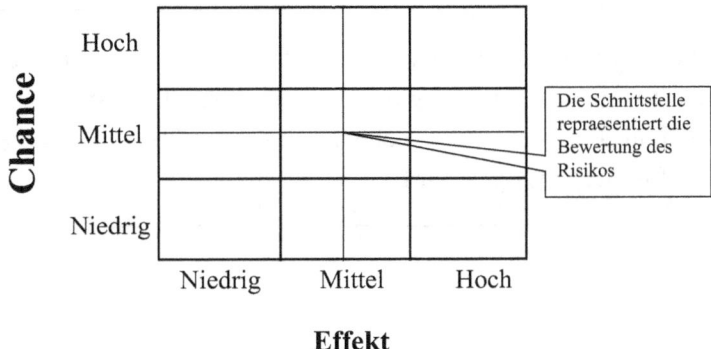

Effekt

Die illustrierte Risikomatrize ist die am einfachsten zu benutzende. Es gibt andere Varienten, in denen zum Beispiel mehr mögliche Bewertungen vergeben werden können, und Nummern anstatt Mengen (1, 5 und 10 statt hoch, mittel und niedrig). Auch Farben werden in manchen Matrizen verwendet. Rot repräsentiert zum Beispiel „hoch", gelb „mittel" und grün „niedrig".

Nun müssen wir den Schnittstellen in der Risikomatrize Bedeutungen zukommen lassen. Das kann man auf verschiedene Arten bewerkstelligen, aber die geläufigste Methode ist nachstehend illustriert:

Risikobewertung ist...	Wenn...	
Niedrig	Die Chance und der Effekt beide niedrig sind	
Mittel	Die Chance mittel und der Effekt niedrig ist	oder
	Die Chance niedrig und der Effekt hoch ist	oder
	Die Chance mittel und der Effekt niedrig ist	oder
	Die Chance und der Effekt beide mittel sind	oder
	Die Chance hoch und der Effekt niedrig ist	
Hoch	Die Chance mittel und der Effekt hoch ist	oder
	Die Chance hoch und der Effekt mittel ist	oder
	Die Chance und der Effekt beide hoch sind	

Die Bewertung der Risiken hängt größtenteils von der Wichtigkeit des Projektes ab (Risikoanfälligkeit). Wenn das Porjekt wichtig ist und wir deshalb besonders strikt bei der Identifizierung der Risiken sein wollen, wird die Matrize so kreiert, dass sie eher höhere Risikobewertungen abwirft als bei einem Projekt von geringerer Wichtigkeit.

Viele Firmen benutzen eine offiziell sanktionierte Risikomatrize, die der Projektmanager universell benutzen muss.Sollte solch eine Matrize noch nicht existieren, können/sollten der Projektmanager und sein Team eine solche selbst entwerfen, wobei die Risikoanfälligkeit des Projektes in Betracht gezogen wird.

Unter Zuhilfenahme der vorangegangenen abelle können wir nun unsere Matrize wie folgt ausfüllen:

	Hoch	Mittel	Hoch	Hoch
Chance	Mittel	Mittel	Mittel	Hoch
	Niedrig	Niedrig	Niedrig	**Mittel**
		Niedrig	Mittel	Hoch

Effekt

- **Wie die Risikobewertung durchgeführt wird**

Erstens: Laden Sie das Projektteam, einige Experten und möglicherweise auch einige Interessenvertreter zu einer Risikobewertung ein.

Zweitens: Händigen Sie jedem eine Kopie der Risikoliste und der Risikomatrize aus. Erklaren Sie, wie die Matrize benutzt wird.

Drittens: Gehen Sie durch die Risikoliste und stellen Sie für jedes identifizierte Risiko die folgenden zwei Fragen:

1 Wie hoch ist die Chance, dass sich dieses Risiko (dieser Vorfall) materialisiert?

2 Falls sich das Risiko materialisiert, welchen Effekt wird es auf das Projekt haben?

Viertens: Halten Sie die Bewertung für jedes Risiko fest.

Beispiel

Nachfolgend sehen Sie die Risikobewertung des Abendessen-Projektes nach Anwendung einer

3X3 Riskomatrize:

Risiken	Chance	Effekt	Gesamtrisiko
Wir finden kein Fleisch guter Qualität	Niedrig	Mittel	Mittel
Plötzlicher Anstieg in Nahrungsmittelpreisen	Niedrig	Mittel	Mittel
Das Auto springt nicht an	Niedrig	Mittel	Mittel
Das Fleisch verbrennt während des Garens	Mittel	Hoch	Hoch
Wir finden keine Kartoffeln guter Qualität	Hoch	Mittel	Hoch
Das Gas geht während des Kochens aus	Niedrig	Mittel	Mittel
Die Cafeteria verspätet sich bei der Lieferung des Fruchtsaftes	Mittel	Mittel	Mittel
Die Kartoffeln sind nicht gar gekocht	Hoch	Hoch	Hoch

Man mag sich fragen: Was geschieht wenn jemand während der Risikobewertung ein Idee hat, wie man ein bestimmtes Risiko kontrollieren kann? Sollte derjenige seine Idee bis zur nächsten Phase zurück halten? Die Antwort ist ,nein'. Er/sie kann die Idee dem Projektmanager sofort vortragen, der sie für die nächste Phase niederschreibt. Risikomanagementphasen sind miteinander vernetzt. Deshalb ist es am besten, wenn man Information festhält sobald sie sich materialisiert.

Phase 3: Risikokontrolle

In dieser Phase schauen wir nach den besten Wegen, die identifizierten Risiken zu kontrollieren; entweder indem wir das Risiko komplett eliminieren oder seine Stärke abmildern. Nachfolgend sind vier Optionen wie man Risiken anpackt:

- **Eliminierung** des Risiko in seiner Gesamtheit;

- **Reduzierung** der Stärke des Risikos;

- **Transferierung** des Risiko zu eienr anderen Partei, die mit ihm besser umgehen kann als wir;

- **Akzeptanz**, dass das Risiko sich materialisieren könnte.

Bevor ich diese Optionen im einzelnen diskutiere, beachten Sie bitte folgendes:

Erstens: Wir müssen aus den Risikobewertungen einen unmittelbaren Vorteil ziehen. Schreiben Sie deshalb die Risikoliste um, indem Sie die stärkeren Risiken ganz oben auf die Liste setzen. Diese überarbeitete Liste hilft Ihnen insofern bei der besseren Ausnutzung Ihrer Ressourcen, dass Sie Sie mehr Zeit mit dem Ausdiskutieren von stärkeren Risiken aufwenden und mit dem Nachdenken darüber, wie man sie kontrollieren kann.

Zweitens: Erinnern Sie sich bitte daran, das Risiken in der Zukunft materialisieren. Dochs elbst wenn ein Risiko eine hohe Bewertung erhalten hat, besteht weiterhin die Chance, dass es nicht materialisiert. Nun beginnen wir mit der Benutzung von Ressourcen (z.B. einem Teil des zugeteilten Budgets) und wir wollen sicher gehen, dass die Daten über die Risiken von guter Qualität sind. Um die Qualität Ihrer Risikodaten zu überprüfen, stellen Sie ganz einfach sicher, dass sie in sinnvoller und logischer Weise erfasst wurden. Wenn Sie die Bewertung der Wahrscheinlichkeit und des Effekts eines Risikos gerechtfertigen können, dann sind Sie gewappnet. Nachfolgend ist eine Tabelle für die Überprüfung der Risikodaten des Abendessen-Projektes:

Risiken	Chance	Gerechtfertigung	Effekt	Gerechtfertigung
Fleisch guter Qualität wird nicht gefunden	Niedrig	Die Medien haben nicht über eine Fleischknappheit berichtet	Mittel	Alternativen sind vorhanden
Plötzlicher Anstieg in Nahrungsmittel-preisen	Niedrig	Die Medien haben nicht über plötzliche Preissteigerungen berichtet	Mittel	Selbst wenn eine Preissteigerung statt fände, hielte sich der Anstieg in Grenzen; außerdem wir nur eine relativ geringe Menge benötigt
Auto springt nicht an	Niedrig	Auto wurde letzten Monat gewartet	Mittel	Alternativer Transport kann benutzt werden
Fleisch verbrennt während des Garens	Mittel	Erfahrung im Garen von Fleisch ist nicht besonders groß	Hoch	Fleisch ist der Hauptbestandteil des Abendessens
Kartoffeln guter Qualität werden nicht gefunden	Hoch	Es war neuerdings stets schwierig, Kartoffeln guter Qualität aufzutreiben	Mittel	Der Geschmack ist anders

Gas geht während des Kochens aus	Niedrig	Die Gasflasche wure erst kürzlich ausgewechselt	Hoch	Wir können nicht kochen
Cafeteria verspätet sich bei der Lieferung des Fruchtsaftes	Mittel	Aus vergangener Erfahrung verspätet sich diese Cafeteria manchmal	Mittel	Wir können stattdessen Limonade trinken
Kartoffeln sind nicht gar gekocht	Hoch	Erfahrung im Garen von Kartoffeln ist nicht besonders groß	Hoch	Kartoffeln sind die hauptsächliche Beilage

Drittens: Rufen Sie sich stets die Risikoformel ins Gedächtnis zurück wenn Sie über Optionen zur Risikokontrolle nachdenken. Beispiel: Ein fünfjähriges Mädchen erhielt von seiner Großmutter ein Fahrrad geschenkt. Die Eltern sind besorgt, das Mädchen könnte stürzen und sich verletzen und wollen deshalb das Risiko kontrollieren. Wir wollen die Risikoformel zu Hilfe nehmen, um den Eltern dabei zu helfen, die Sicherheit ihrer kleinen Tochter sicherzustellen:

Risiko = Chance des Eintretens X Potentieller Effekt, oder in unserem Beispiel:

Das Risiko, dass das Mädchen stürzt = Chance, dass Sie stürzt X Schwere des Sturzes

Wir erkennen aus dem Beispiel, das wir das Risiko selbst auf „Null" bringen können, wenn es uns gelingt, entweder der Chance oder der Schwere „Null" zuzuordnen.

Wir können außerdem die Stärke des Risikos reduzieren indem wir sowohl die Chance als auch die Schwere oder entweder die Chance oder die Schwere reduzieren. Die folgende abelle präsentiert Entscheidungen, die die Eltern treffen können, um das Risiko zu kontrollieren:

Entscheidung	Wie sie das Risiko vermindern wird
Stützräder am Hinterad des Fahrrades anbringen	Vermindert das Risiko, indem es das Umfallen verhindert
Das Kind gepolsterte Schutzausrüstung (Knieschoner, Sturzhelm, usw.) tragen lassen	Vermindert das Risiko, indem es beim Fallen die Chance der Verletzung herab setzt
Stützräder anbringen plus das Kind Schutzausrüstung tragen lassen	Vermindert das Risiko weitaus mehr als die beiden vorhergehenden Entscheidungen
Dem Kind das Radfahren verbieten	Eliminiert das Risiko in seiner Gesamtheit

Aber einen Moment, bitte! Die Entscheidung über die beste Option zur Risikokontrolle mach üblicherweise viel Spaß. Wir müssen aber auch die „Reaktion" zu jeder Option in Betracht ziehen und eine Balance zwischen Negativem und Positivem erreichen. Die nachfolgende Tabelle präsentiert einige Reaktionen zu den Entscheidungen, die im Beispiel des Mädchens mit dem Fahrrad getroffen wurden:

Entscheidung	Seiteneffekte
Stützräder anbringen	- Preis der Stützräder - Vermindert den Spaß am Fahrradfahren, da die Aktionen durch die Stützräder eingeschränkt sind
Das Kind Schutzausrüstung tragen lassen	- Preis der Schutzausrüstung - Das Kind mag sich in der Ausrüstung unbehaglich fühlen - Aufsichtsperson wird benötigt, die sicherstellt, dass die Ausrüstung auch angelegt wird
Dem Kind das Radfahren verbieten	- Das Kind wird sich ärgern - Verlust der Chance für einen guten Familientag - Das Kind verliert die Gelegenheit für sportliche Betätigung

Optionen zur Risikokontrolle

1 **Risikoeliminierung:** Das mag als die allerbeste Option erscheinen, denn sie eliminiert das Risiko in seiner Gesamtheit, entweder indem sie das Eintreffen des Risikos unmöglich oder den Effekt vernachlässigbar macht. Beispiel: Es besteht ein Risiko, dass die Kartoffeln im beispiel des Abendessen-Projektes nicht gargekocht werden. Dieses Risiko kann eliminiert werden, indem wir stattdessen gedämpftes Gemüse servieren. Durch die Eliminierung der Kartoffeln verlieren wir allerdings den Vorteil (d.h. den Geschmack), den wir durch das Servieren von Kartoffeln erlangt hätten. Risikoeliminierung ist nicht einfach, denn es kostet normalerweise Geld oder wir büßen einen oder mehrere Vorteile ein.

2 **Risikoreduzierung:** Wir können die Stärke eines Risikos reduzieren, indem wir entweder die Wahrscheinlichkeit des Eintreffens, die Schwere des Effekts, oder beides, reduzieren. Beispiel: Sie können das Risiko der Fehlfunktion einer Büromaschine reduzieren, indem Sie sie regelmäßig warten. Sie können das Risiko außerdem reduzieren indem Sie eine Ersatzmaschine bereit stellen, die im Falle einer Fehlfunktion der Hauptmaschine einspringen kann, was den Effekt des Risikos reduziert.

3 **Risikotransfer:** In diesem Fall beauftragen Sie eine andere Firma oder Person, das Risiko für Sie zu kontrollieren, wofür die Firma/Person bezahlt wird. Diese Option wird normalerweise gewählt, wenn die andere Partei erfahrener in der Handhabung des jeweiligen Risikos ist. Beispiel Abendessen-Projekt: Sie können einen Koch anheuern, der das Fleisch für Sie brät und damit verhindern, dass es anbrennt. Ein weiteres Beispiel für Risikotransfer wäre es, eine Firma unter Vertrag zu nehmen, die einzelne Aufgaben des Projekts für Sie ausführt.

4 **Risikoakzeptanz:** In vielen Fällen wird es Ihnen unmöglich sein, eine der oben genannten Optionen wahrzunehmen, etweder weil es Ihr Budget nicht zulässt oder weil sich keine geeignete Firma für den Risikotransfer findet. Beispiel Büromaschinenfehlfunktion: Sie haben vielleicht nicht genügend Budget, um die Maschine regelmäßig warten zu lassen. In solch einem Fall akzeptieren wir, dass das Risiko eintreffen KÖNNTE. Man kann jedoch das Risiko akzeptieren, indem man Extrabudget bereitstellt, das verwendet werden kann SOLLTE das Risiko eintreffen (wenn es überhaupt eintrifft). Beispiel: Wir legen ein Budget beiseite, um eine Ersatzmaschine anzumieten SOLLTE unsere eigene eine Fehlfunktion erleiden.

Um die verschiedenen Optionen besser zu illustrieren, nehmen wir das nachfolgende Beispiel zur Hand, das aufzeigt, wie man die Optionen auf das selbe Risiko anwenden kann:

Generelles Beispiel

Wir nehmen an, das Risiko besteht darin, dass sich die Anlieferung angeforderter Ausrüstung verzögert. Schauen wir uns an, wie Sie die verschiedenen Optionen auswählen, um dieses Risiko zu kontrollieren. Ihre Strategie wird von Faktoren wie der Wichtigkeit der Ausrüstung, der Verfügbarkeit von verschiedenen Lieferanten und der Risikoanfälligkeit des Projektes abhängen:

Option	Ihr Ziel	Wie die Option gehandhabt wird
Vermeiden	Die Ausrüstung MUSS eintreffen	Falls möglich, ersetzen Sie die fehlende Ausrüstung durch andere Geräte, die verfügbar sind. Alternative: Eliminieren Sie die Aktivität, die die nach der Verwendung der fehlenden Ausrüstung verlangt.
Reduzieren	So gut wie möglich versuchen, dass die Ausrüstung rechtzeitig eintrifft	Vermindern Sie die Chance für verspätetes Eintreffen indem Sie engsten Kontakt mit dem Lieferanten halten. Sie können sich auch nach anderen Lieferanten umsehen, von denen Sie glauben, dass sie zuverlässiger sind.

Transferieren	Das Problem einer anderen Partei anvertrauen	Falls möglich, vertrauen Sie die Arbeit, die nach der Benutzung der Ausrüstung verlangt, einer dritten Partei an.
Akzeptieren	Die Verspätung kann nicht verhindert werden	Warten Sie entweder auf die letztendliche Lieferung oder legen Sie ein Budget beiseite, um einen Ersatz zu mieten.

Während der Risikokontrollphase können wir einige wichtige Entscheidungen treffen, z.B. eine Abänderung unseres Projektplans und der Verwendung eines Teils unseres Budgets (um für Risikotransfer oder –reduzierung zu bezahlen). Es ist daher wichtig, über die Qualität Ihrer Risikodaten absolut sicher zu sein, auf die sich Ihre Entscheidungen stützen. Sie müssen außerdem die Vorteile und Nachteile abwägen, ob Sie auf die potentiellen Risiken reagieren oder nicht.

Gelegenheiten („gute" Risiken)

Genauso wie Ihr Projekt vielen Risiken ausgesetzt ist, so kann es auch viele Gelegenheiten wahrnehmen. Beispiel Abendessen-Projekt: Es könnte sich Ihnen die Gelegenheit bieten, preisgünstigeres Fleisch einzukaufen wenn Sie zwischen 7 und 9 Uhr morgens zum Supermarkt gehen, der dann regelmäßig Sonderangebote für Fleisch hat. Um die Gelegenheit für verbilligtes Fleisch wahrzunehmen, sollten Sie:

- Erstens: Gewahr sein, dass solches Sodnerangebote existieren, d.h. Sie denken bewusst über Gelegenheiten nach;

- Zweitens: Die nötigen Maßnahmen treffen, um diese Gelegenheit wahrzunehmen (d.h. besonders früh aufzustehen).

Gelegenheiten können mit einer Formel wie die **Risiken** repräsentiert werden:

Gelegenheit = Chance, die Gelegenheit wahrzunehmen X Effekt der Gelegenheit

Aus der Formel schließen wir, dass Optionen zur Wahrnehmung von Gelegenheiten genau gegensätzlich zu denen zur Risikovermeidung sind. Wir können also die Wahrscheinlichkeit zur Wahrnehmung einer Gelegenheit verbessern, indem wir wir entweder die Chance ihres Eintreffens erhöhen, oder den Effekt, oder beides. Zudem können wir Gelegenheiten, deren Vorteile wir nicht in vollem Ausmaß ausnutzen könnten wenn wir sie allein wahrnähmen, mit anderen teilen. Die nachfolgende Tabelle zeigt Beispiele von Fällen zur Gelegenheitswahrnehmung:

Beispiel	Optionstyp
In einem Erdölbohrprojekt vereinbarte die ausführende Firma mit der auftraggebenden Ölfirma, dass sie alles anfallende Erdgas sammeln und auf eigene Rechnung vermarkten darf.	Teilen
Falls eine Aufgabe früher als geplant abgeschlossen wird, wird es möglich, die Ressourcen der Komplettierung der nächsten Aufgabe zuzuführen. In diesme Zusammenhang kann der Projektmanager von den Arbeitern verlangen, extra Arbeitsstunden einzulegen.	Verbesserung der Gelegenheit

Beachten Sie, dass (genauso wie bei Risiko-Optionen) Optionen zur Wahrnehmung von Gelegenheiten mit Nebeneffekten einhergehen. Im ersten Beispiel der vroangegangenen Tabelle wird die Firma einige ihrer Profite an die Gasfirma verlieren. Im zweiten Beispiel müssen Arbeiter für Extrastunden bezahlt werden. Die Renditen überwiegen jedoch in beiden Beispielen die Verluste.

Das Projektteam fokussiert seine Gedanken normalerweise nur auf die Projektrisiken, weniger auf die möglichen Gelegenheiten. Aus diesem Grund habe ich eine spezielle Vorlage kreiert, die Gelegenheiten festhält und ich hoffe, dass sie dem Projektteam dabei hilft, sich auch auf Gelegenheiten zu konzentrieren.

Weil der Versuch, Gelegenheiten wahrzunehmen, einige Ressourcen kosten kann, sollten wir stets jene Gelegenheiten auswählen, die uns die meisten Vorteile bringen. Um das zu bewerkstelligen müssen wir die Gelegenheiten bewerten; ein Prozess, der ziemlich gleich ist wie bei den Risiken. Sie können außerdem eine gleiche Matrize für Gelegenheiten benutzen.

Wie man einen Risikokontrollplan erstellt

Wir gehen zurück zum Brainstorming. Der Projektmanager lädt das Projektteam, einige Experten und einige Interessenvertreter zu einer Besprechung über die möglichen Risikokontrolloptionen. Die identifizierten Optionen sollten sodann in einem Risikoregister festgehalten werden.

Das Risikoregister

Das Risikoregister ist ein Blatt Papier, auf dem jegliche Information über Projektrisiken festgehalten wird.

Beispiele

Nachfolgend zeige ich Ihnen zwei Register – eines für Risiken und das zweite für Gelegenheiten – des Abendessen-Projekts:

Risiko	Risiko-bewertung	Option zur Risikokontrolle	Effekt der Kontroll-maßnahme auf das Projekt	Person verantwortlich für die Durchführung
Fleisch guter Qualität wird nicht gefunden	Mittel	Akzeptieren	-	Projektmanager
Plötzlicher Anstieg der Nahrungsmittel-preise	Mittel	Akzeptieren	-	Projektmanager
Auto springt nicht an	Mittel	Etwas Geld für's Taxi beiseite legen	Erhöhung des Budgets	Projektmanager
Fleisch verbrennt während des Garens	Hoch	Geld beiseite legen, um das Essen aus einem Restaurant zu bestellen	Erhöhung des Budgets	Projektmanager
Kartoffeln guter Qualität werden nicht gefunden	Hoch	Tiefgefrorene Pommes Frittes kaufen	Erhöhung des Budgets Aufgabe des Kartoffelschneidens kann ausgestrichen werden	Projektmanager
Gas geht während des Kochens aus	Mittel	Kann Gaszylinder des Nachbarn benutzen	-	Projektmanager
Cafeteria liefert den Fruchtsaft zu spät	Mittel	Mehrmals telefonisch bei der Cafeteria nachfragen	Jemanden mit den Anrufen beauftragen	Ehefrau
Kartoffeln sind nicht gar gekocht	Hoch	Akzeptieren	-	Projektmanager

Und nun das Register für die Gelegenheiten des Abendessen-Projektes:

Gelegenheit	Gelegenheit			Option zur Wahrneh-mung der Gelegenheit	Effekt der Option auf das Projekt	Person verantwort-lich für die Durchfüh-rung
	Chance	Effekt	Gelegen-heitsbe-wertung			
Fleisch zu einem günstigeren Preis einkaufen	Hoch	Niedrig	Mittel	Sehr früh aufstehen	Minimale Budget-einsparung	Projekt-manager

Effekt des Risikomanagements auf das Projektbudget

Nachdem Risikomanagement bewerkstelligt wurde, wird sich das Projektbudget höchstwahrscheinlich ändern. Das neue Budget kann mit der folgenden Formel dargestellt werden:

Projektbudget = Überarbeitetes Originalbudget + Kosten für kontrollierbare Risiken + Kosten für nicht kontrollierbare Risiken + Kosten für nicht identifizierte Risiken (neue Risiken)

Die Formel ist lang, aber recht einfach zu begreifen. Ich gebe nachfolgend eine Beschreibung ihrer verschiedenen Elemente:

- Überarbeitetes Originalbudget: Sie mögen einige zugeteilte Kosten für einige Aufgaben nochmals revisionieren wenn Sie Fehler bei deren ursprünglichen Einschätzung entdeckt haben. Beispiel: Sie entdecken, dass der Stundensatz für einen benötigten Techniker höher angesetzt werden muss als Sie dachten.

- Kosten für kontrollierbare Risiken: Das Geld, das Sie benötigen, um bestimmte Risiken zu transferieren oder zu reduzieren (Engagierung einer spezialisierten Firma, Anmietung von Ausrüstung, usw.).

- Kosten für nicht kontrollierbare Risiken: Geld, das beiseite gelegt wurde als Sie ein Risiko akzeptierten (wir haben das oben bei der Risikoakzeptanz bereits diskutiert).

- Kosten für nicht identifizierte Risiken (neue Risiken): Nachdem Sie kein Hellseher sind, können Sie unmöglich alle potentiellen Risiken identifizieren. Sie entdecken vielleicht zudem während der Projektdurchführung neue Risiken, die nach einem Absicherungsbudget verlangen. Aus diesem Grund legen viele Firmen ein Extrabudget für noch nicht identifizierte Risiken zur Seite. Das ist normalerweise ein Prozentsatz des Gesamtbudgets, z.B. 3 oder 4 Prozent.

Wenn Sie Ihr Budget nach dieser Formel berechnen und die Kosten für die einzelnen Elemente zusammen addieren, erhöht sich die Genauigkeit Ihrer Schätzung.

Auch der Zeitplan kann sich nach dem Risikomanagement noch ändern. Beispiel: Wir müssen die Zeit für eine bestimmte Aufgabe erhöhen wenn wir das Risiko sehen, dass die der Aufgabe zugeteilte während dieser Zeit vielleicht mit einer anderen Aufgabe betraut und daher für die erste Aufgabe nicht verfügbar ist.

Phase 4: Risikoüberwachung

Risikoüberwachung findet während der Projektdurchführung statt und umfasst die folgenden Elemente:

• Überarbeitung des Risikoregisters: Das Register sollte überarbeitete werden, um zu identifizieren, welche Risiken tatsächlich eingetreten sind und wie effektiv die eingesetzten Risikokontrolloptionen waren.

Das hilft uns bei der Erfassung der gelernten Lektionen bei der Freilösung gebundenen Budgets zur Kontrolle von Risiken, die nicht eingetroffen sind. Beispiel: Ein Extrabudget für das Risiko einer Maschinenfehlfunktion. Wenn die Maschine nicht ausfällt, kann dieses Budget für etwas anderes verwendet werden.

• Identifizierung neuer Risiken: Wenn das Projekt fortschreitete, werden neue Informationen verfügbar und neue Risiken könnten entdeckt werden. Diese Risiken sollten identifiziert, bewertet, kontrolliert und zum Risikoregister hinzugefügt werden. Neue Risiken identifiziert man in spezifischen Risikobesprecheungen oder während der Fortschrittsbesprechungen.

Beispiel REEM Park: Risikomanagement

Amanda und ihr Team haben das Parkprojekt nochmals durchdiskutiert und entschieden, dass die generelle Risikoanfälligkeit „mittel" ist. Anschließend haben sie durch Brainstorming und Vorlagenüberarbeitung die einzelnen Risiken konkret identifiziert. Eine 3X3 Matrize wurde benutzt und sie füllten die folgende Vorlage aus:

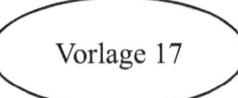

Vorlage 17

Risikoidentifizierung und Bewertung

Nr	Risikobeschreibung	Chance d. Eintreffens	Effekt	Bewertung
1	Nicht genügend Angebote für das Design und die Konstruktion des Parks	Niedrig	Hoch	Niedrig
2	Die Vertragsabteilung verzögert die Überprüfung der Ausschreibungsdokumente	Mittel	Mittel	Mittel
3	Das Design des Parks ist unpassend	Niedrig	Hoch	Mittel
4	Plötzlicher Preisanstieg der benötigten Baumaterialien	Mittel	Niedrig	Mittel
5	Umfangreiche Änderungen am Projektumfang durch den Generalmanager	Mittel	Hoch	Hoch
6	Die unter Vertrag genommene Baufirma geht bankrott	Mittel	Mittel	Mittel
7	Unterirdische Kanalisationen und Kabel werden am anvisierten Parkstandort entdeckt	Mittel	Mittel	Mittel
8	Schlechte Kommunikation zwischen der Konsultierungs- und Baufirma	Mittel	Hoch	Hoch

Vorlage 18

Gelegenheitenidentifizierung und Bewertung

Nr.	Gelegenheit	Chance d. Eintreffens	Effekt	Bewertung
1	Das Ausschreibungsdokument für die Parkkonstruktion kann be-gonnen werden bevor das end-gültige Design vorliegt (d.h. beide können simultan vonstatten gehen nachdem das vorläufige Design festgelegt wurde)	Mittel	Mittel	Mittel
2	Designzeichnungen des Parks können durch eMail zirkuliert werden anstatt durch reguläre Post verschickt werden zu müssen	Mittel	Mittel	Mittel

Vorlage 19

Risikoregister

Nr.	Risiko	Bewertung	Kontrolloption	Verantwort-liche Person	Seiteneffekt der Option auf das Projekt
1	Nicht genügend Angebote für das Design und die Konstruktion des Parks	Niedrig	Schaltung von Anzeigen in Zeitungen und auf der Städtischen Webseite	Amanda + Ver-tragsabteilung	-
2	Vertragsabteilung ver-zögert Überprüfung der Ausschreibungsdoku-mente	Mittel	Sicherstellen, dass die Dokumente bei der Vertrags-abtei-lung ein-treffen und öfter nach-fragen	Amanda + Ver-tragsabteilung	-
3	Design des Parks ist unpassend	Mittel	Vorläufiges Design durch so viele Ingenieure der Stadtverwal-tung wie möglich über-prüfen lassen	Projektteam	Es könnte leichte Verzö-gerungen im Prüfungsprozess geben wenn zu viele Personen involviert sind

4	Plötzlicher Preisanstieg der benötigten Baumaterialien	Mittel	Vertragsklausel einarbeiten, dass die Baufirma solche Preisstei-gerungen absor-bieren muss	Vertragsabtei-lung	Könnte die Kosten für die Untervertrags-nehmung der Baufirma erhöhen
5	Umfassende Änderungen am Projektumfang durch den Generalmanager	Hoch	Den General-man-ager aktiv mit Pro-jekt-informationen versorgen und die Genehmi-gung für den Projektumfang erwirken	Amanda	-
6	Baufirma geht bankrott	Mittel	Finanzielle Situa-tion der Baufirma überprüfen	Projektteam	-
7	Unterirdische Kanalisa-tionen und Kabel werden entdeckt	Mittel	Konsultant und Baufirma müssen ein technisches Risiko-register des Projektes zur Überprüfung durch das Projekt-team einreichen		
8	Schlechte Kommunika-tion zwischen Konsult-ierungs- und Baufirma	Hoch	Regelmäßige Qual-itätsüberprüfung der Kommunika-tionsmethoden	Amanda	-

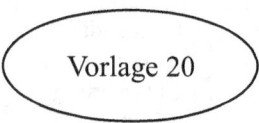

Vorlage 20

Gelegenheitsregister

Nr.	Gelegenheit	Bewertung	Verbesserungs-option	Verantwort-liche Person	Effekt der Option auf das Projekt
1	Das Ausschreibungs-dokument für das Projekt kann begon-nen werden bevor das endgültige Design vorliegt (d.h. beide können simultan von-statten gehen nach-dem das vorläufige Design vorgelegt wurde)	Mittel	Mit der 1. Aus-fertigung des Ausschreibungs-dokuments be-ginnen sobald das vorläufige Design komplett ist	Amanda	--
2	Designzeichnungen des Parks können durch eMail zirkuliert werden anstatt durch reguläre Post ver-schickt werden zu müssen	Mittel	Softcopies des Designs in ei-nem für alle Empfänger zugänglichen Format (z.B. PDF) ver-schicken	Amanda	--

Vorteile der Benutzung dieser Vorlage

1   Sie haben alle vorherigen Vorlagen nochmals überarbeitet.

2   Sie haben Risiken und Gelegenheiten identifiziert; und Optionen wie Sie sie kontrollieren und nutzbar machen können.

Kapitel 6
Projektausführung

Eines der Hauptziele des Projektbuches ist es, durch die vorgestellten Vorlagen einen Plan für Ihr Projekt bereitzustellen, in der Hoffnung, dass Sie diese Vorlagen auch anwenden. Nachdem wir nun mit der Projektausführung beginnen, werden Sie den Nutzen aus diesen Vorlagen erkennen.

Benutzung der Vorlagen

Ich habe bei der Kreierung der Vorlagen viel intellektuellen Aufwand betrieben. Dieser Aufwand soll sich auch in das Projekt eingehen. Wir können die Vorlagen wie folgt in primäre und sekundäre Vorlagen aufteilen:

Sekundäre Vorlagen: Diese Vorlagen wurden dazu benutzt, um bei der Ausfüllung anderer Vorlagen zu helfen, spielen aber keine direkte Rolle bei der Projektausführung (z.B. die Durchführbarkeitsstudie und der Projektentwurf).

Primäre Vorlagen: Diese Vorlagen werden direkt bei der Projektausführungeingesetzt und umfassen:

- Informationsmanagementplan;

- Zeitplan;

- Budgetplan;

- Qualitätsplan;

- Risiko- und Gelegenheitsregister;

- Bewertungsplan zur Auswahl von Vertragsfirmen;

- Plan für eventuelle Profektabänderungen;

- Berichterstattung über den Projektfortschritt.

Die Projektausführungstafel

Die Projektausführungstafel ist ein Werkzeug, das Ihnen dabei hilft, so viel Information wie möglich in einer einzigen Chart zusammenzufassen. Die Idee ist simpel: Übertragen Sie einfach Vorlage Nr. 12 (Zeitplan) auf eine große Wandtafel und füllen Sie sie dann mit den Informationen aus den anderen Vorlagen aus, wie folgt:

Vorlage	Auf die Projekttafel zu übertragende Information
Informationsmanagementplan	Daten der Besprechungen und Art der Information, die zu verteilen sind (bzw. verteilt wurden)
Budget	Benötigte Ressourcen, damit das Budget dementsprechend vorbereitet wird
Qualitätsplan	Spezifische Daten für Qualitätsprüfungen; benötigte Qualitätskriterien für jede Aufgabe
Risiko- und Gelegenheitsregister	Erwartete Risiken und Gelegenheiten für jede Aufgabe

Die Projekttafel ist aus den flogenden Gründen von Vorteil:

1   Sie ist eine visuelle Illustration aller Projektaufgaben und deren Attribute;

2   Sie verbindet alle Informationen aus den verschiedenen Vorlagen miteinander;

3   Sie erleichtert die Verfolgung des Projektfortschritts basierend auf dem Zeitfortschritt;

4   Sie verringert die Anzahl von Fehlern, da alle Projektplanelemente in Übersicht dargestellt und für jeden einsehbar sind, der an dem Projekt interessiert ist.

- **Leitfaden zur Erstellung einer Projekttafel**

1   Wählen Sie eine geeignete, genügend große Wand, die einfach zugänglich ist (sie sollte z.B. nicht durch Möbel verstellt sein).

2   Machen Sie die Tafel so großflächig wie möglich, damit die Zeiteinheiten so klein wie möglich ausfallen können (d.h. wenn die Tafel groß genug ist, können Sie Tage oder Wochen als Zeiteinheiten einsetzen, anstatt Monate. Das erleichtert die Nachverfolgung der Projektaufgaben).

3   Veranstalten Sie die Erstellung der Tafel in Teamwork, dh. Laden Sie alle Teammitglieder dazu ein.

4   Verwenden Sie verschiedenfarbige Stifte, z.B. eine Farbe für Risiken, eine andere für Qualitätsanforderungen, usw. Das erleichtert das Navigieren durch die Informationen.

5   Wenn Ihnen auf der Tafel der Platz ausgeht, verwenden Sie „Sticky Notes".

6 Zur einfacheren Nachverfolgung des Projektfortschritts, verwenden Sie vertikal angebrachte, verschiebbare Kordeln in zwei verschiedenen Farben. Eine grüne Kordel markiert z.B. das heutige Datum und eine rote Kordel markiert das geplante Komplettierungsdatum für die gegnwärtig durchgeführte Projektaufgabe.

Beispiel REEM Park: Die Projekttafel

Die nachfolgende Illustration ist ein Besipiel für die Projektausführungstafel für das Park-Projekt. Die Zeitplanvorlage wurde vergrößert und an eine Wand in Amandas Büro gehängt.

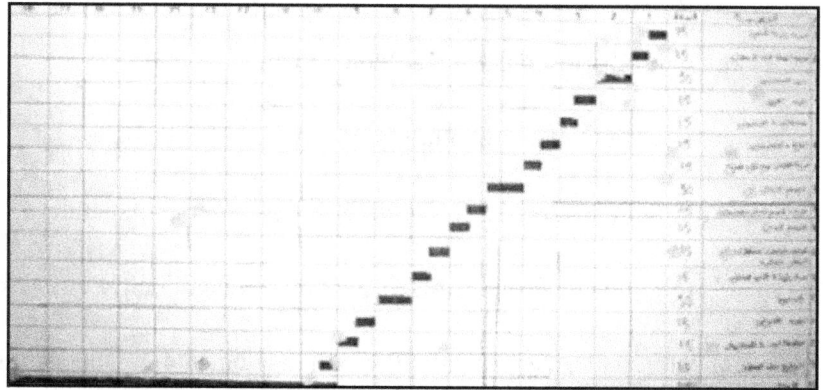

Anmerkung: Die Tafel ist in arabischer Sprache verfasst, deshalb befinden sich die Projektaufgaben auf der rechten Seite.

Die „Ankick"-Besprechung

Wie erklären wir, dass unser Projekt nun letztendlich die Ausführungsphase erreicht hat? Am besten ist es, wenn wir eine Besprechung einberufen und dazu relevante Interessenvertreter einladen. Diese „Ankick"-Besprechung gibt Ihnen außerdem die Gelegenheit, den Plan mit den Interessenvertretern zu teilen und ihnen essentielle Informationen zuzuführen, wie zum Beispiel, dass es ein spezielles Formular für Änderungsanträge gibt. Zudem können Sie sie über die geplanten Besprechungen zur Fortschrittsberichterstattung informieren.

Wie man die Vorlagen (Schablonen) benutzt

Informationsmanagementvorlage

Diese Vorlage zeigt Ihnen auf, welche Informationen Sie an wen, wan und wie verteilen müssen. Viele Experten stimmen darin überein, dass mangelnde Kommunikation ein Schlüsselfaktor für Projektverfehlung ist. Außerdem enthält die Vorlage Informationen über in der Zukunft angesetzte Besprechungen und wer daran teilnehmen soll. Das hilft Ihnen bei der Vorbereitung und verhindert unliebsame Kleinmalheuere, wie zum Beispiel dass der Besprechungsraum von jemandem anderen belegt ist. Sie können dieser Vorlage zudem Erhaltsquittungen beiheften, damit niemand später behaupten kann, er hätte die betreffenden Informationen nicht erhalten.

Zeitplanvorlage

Diese Vorlage werden Sie auf täglicher Basis konsultieren. Sie hilft Ihnen, zu wissen, welche Aufgaben sofort erledigt werden müssen und welche weiteren Schritte anliegen. Die Vorlage ermöglicht Ihnen einen Überblick des Projeket als Ganzes und hilft Ihnen, bessere Entscheidungen zu treffen, zum Beispiel das Umschichten einiger Aufgaben um das Projekt voranzutreiben oder um für verlorene Zeit wettzumachen. Der Zeitplan wird außerdem zur Fortschrittverfolgung des Projektes benutzt. Wir diskutieren das gleich im nächsten Abschnitt:

- **Projektstatusbericht**

Eine der Aufgaben eines Projektmanagers ist Die Überwachung des Projektfortschritts in Relation zum Plan und er muss außerdem diese Information an die relevanten Interessenvertreter weitergeben. Der Sponsor macht normalerweise ein großes Investment und hat ein recht, zu erfahren, wie sich sein Investment entwickelt. Die Veröffentlichung des Statusberichts an die relevanten Interessenvertreter verhindert zudem, dass das Projektteam seine Aufgaben vernachlässigt und hinter den Zeitplan fällt. Für den Statusreport brauchen wir folgendes:

1 Einen Plan für das Projekt, den wir direkt mit dem aktuellen Projektfortschritt vergleichen können;

2 Ein Kalkulationssystem, um herauszufinden, was für das Projekt geplant war und was gegenwärtig tatsächlich geschieht;

3 Ehrlichkeit bei der Zurverfügungstellung und Analyse der Informationen.

In der vorangegangenen Liste haben Sie gelesen, dass nach einem Kalkulationssystem gefragt wird. Unglücklicherweise ist die Kalkualtion von geplanter und tatsächlicher Arbeit am Projekt nicht einfach. Es bedarf einer Menge an administrativer Arbeit um Aufgaben zu dokumentieren und zu überwachen. Beispiel: Um die aktuelle Leistungserfüllung eines Projekts hinsichtlich der Abschließung von Aufgaben herauszufinden, müssen wir den aktuellen Anteil an Ressourcen wissen, die aus dem Gesamtressourcenpaket benutzt wurde und das resultat durch die vergangene Zeitspanne teilen. Was eine weitere Schwierigkeit bei der Kalkulation darstellt, ist der Unterschied in der Wichtigkeit der einzelnen Aufgaben – und unabhängig von deren Kosten oder wie lange sie gebraucht haben. Dies bedeutet jedoch nicht, dass eine solche Kalkulation unmöglich wäre oder bei Projekten nicht benutzt werden kann. Ganz im Gegenteil. Viele Projekte (speziell mittlere und große) adoptieren eine Kalkulationsmethode, die als „Earned Value Management" bekannt ist. Es existieren viele Fallstudien und akademische Papiere, die

die Benutzung und Effektivität der Methode erörtern. Machen Sie eine Internetsuche mit dem Begriff „Earned Value" und finden Sie heraus, ob Sie die Fähigkeiten besitzen, diese Methode für Ihr Projekt anzuwenden.

Wie auch immer, ich präsentiere Ihnen anschließend eine sehr simple Methode, die für die Leistungsüberwachung bei kleinen und mittleren Projekten verwendet werden kann. Die Methode kalkuliert Leistung basierend auf Zeit indem sie den Unterschied zwischen dem Tag, an dem die Kalkulation ausgeführt wird und dem Datum, das mit der per Zeitplan durchgeführten Porjektaufgabe korrespondiert, herausfindet. Um diese Kalkulationsmethode zu verwenden, tun Sie das nachfolgende:

1 Benutzen Sie die Projekttafel und den Zeitplan.

2 Stellen Sie das heutige Datum fest.

3 Ersehen Sie aus der Projekttafel, welche Aufgabe gegenwärtig ausgeführt wird. Ziehen Sie eine vertikale Linie nach oben um zu sehen, welches Datum ursprünglich für diese Aufgabe geplant war.

4 Kalkulieren Sie den Unterschied zwischen den beiden Daten. Wenn die Differenz positiv ist, dann schreitet das Projekt vorplanmäßig voran. Wenn die Differenz negativ ist, dann hinkt das Projekt dem Zeitplan hinterher.

Aufgabe: Kalkulieren Sie den Fortschritt des REEM Park-Projektes wenn heute der 1. November 2010 ist und das Projekt sich noch immer bei der Aufgabe der Bewertung der Konsultierugnsfirmen aufhält.

Lösung: Mit Hilfe des Zeitplans stellen wir fest, dass die Bewertung der Konsultierungsfirmen für die Zeitspanne vom 1. bis 15. September 2010 geplant war. Heute ist jedoch bereits der 1. November 2010. Die Bewertung sollte aber am 15. September abgeschlossen worden sein. Die Differenz zwischen dem 15. September und dem 1. November beträgt 47 Tage. Das Projekt hinkt demnach 47 Tage dem Zeitplan hinterher.

Anmerkung: Erinnern Sie sich an die beiden vetikalen, verschiebbaren Bänder, die ich im Abschnitt über den Zeitplan erwähnte? Diese kommen jetzt hilfreich zur Hand, denn Sie können sie benutzen, um die Tagesdifferenz zu kalkulieren.

Sie können Farbkodierungen verwenden, um den Projektstatus zu repräsentieren. Hier ist ein Beispiel:

Grün = Das Projekt bewegt sich vor dem Zeitplan; oder es hinkt nicht mehr als 10 tage hinterher.

Gelb = Das Porjekt hinkt 11 bis 29 hinterher.

Rot = Das Projekt hinkt 30 Tage und mehr hinterher.

Die Budgetvorlage

Die Vorlage wird verwendet, um die für jede einzelne Projektaufgabe benötigten Ressourcen zu finden und sicherzustellen, dass sie auch bereit stehen wenn sie gebraucht werden.

Die Qualitätsvorlage

Die Vorlage erlaubt Ihnen, die Qualitätsanforderungen für jede eiznelne Aufgabe zu wissen und dadurch Qualitätsüberwachung zu planen.

- Besipiel einer Qualitätsüberwachung: Das REEM Park-Team unternimmt einen Besuch bei der Designfirma, um sicherzustellen, dass die Spezifikationen in das Design eingearbeitet werden.

Das Risikoregister

Es umfasst eine Liste der Risiken und was wir tun müssen, um jene zu kontrollieren. Die meisten der Risikokontrollmaßnahmen wurden bereits im Projektplan berücksichtigt, sofern wir während der Planungsphase Risikomanagement durchgeführt haben.

- **Risikoüberwachung**

  Erinnern Sie sich daran, dass Risiken sich materialisieren können – oder auch nicht. Unabhängig davon machen wir einen Plan, jene zu kontrollieren. Risiken müssen überwacht werden, denn sollten sie eintreffen, so können sie ein stärkeres Ausmaß annehmen als erwartet. In diesem Fall müssen wir sicherstellen, dass die eingeplanten Kontrollmaßnahmen ausreichend sind. Wir mögen außerdem entschieden haben, einige der Risiken zu akzeptieren und Extrabudget zur Seite gelegt, um sie zu kontrollieren falls sie eintreffen sollten. Sie müssen auch diese Risiken überwachen und das Geld, das für sie reserviert ist, um zu übersehen, ob es genug ist oder of sie es vielleicht anderen Projektaufgaben zuteilen können wenn sich das betreffende Risiko nicht materialisiert.

- **Identifizierung neuer Risiken**

Wenn das Projekt voranschreitet, könnten Sie Möglichkeiten für neue Risiken entdecken. Diese müssen im Risikoregister identifiziert, bewertet, kontrolliert und dokumentiert werden. Das Budget, das Sie für die Kontrolle der neuen Risiken aufwenden kann das Budget sein, das Sie während der Finalisierung des Projektbudgets in der Planungsphase nicht identifizierten Risiken zuteilten.

Um diese neuen Risiken zu identifizieren bedarf es einer speziellen Besprechung; oder Sie planen Risikoidentifizierung in die Agenda Projektfortschrittsbesprechungen ein.

Das Gelegenheitsregister

Wie beim Risikoregister, so müssen Sie Gelegenheiten in Ihrem Projekt verfolgen und sicherstellen, so viele wie möglich zum Vorteil Ihres Projektes wahrzunehmen.

Vorlage zur Auswahl von Vertragsfirmen

Wenn wir die Mithilfe einer Vertragsfirma benötigen (z.B. eines Bauunternhemens), so verfassen wir zunächst eine Ausschreibung. Diese Dokument beschreibt die benötigte Dienstleistung, die Qualitätsanforderungen und den Zeitrahmen. Nehmen Sie sich Zeit bei der Vorbereitung, denn die Vertragsfirma wir ihr Preisangebot an diesem Dokument orientieren. Seien Sie in Ihren Beschreibungen und Ausführungen deshalb auch so detailliert und genau wie möglich. Um ein gutes Ausschreibungsdokument zu produzieren, tragen Sie Informationen aus verschiedenen Vorlagen zusammen, so wie in der nachstehend Tabelle aufgeführt:

Zu überarbeitende Vorlage	Grund
Projektumfang	Der Projektumfang ist die Basis des Ausschreibungsdokuments. Benutzen Sie ihn, um herauszufinden, welche Spezifikationen in das Projekt eingebunden sind und welche nicht. Sehen Sie es als eine Art, der potentiellen Vertragsfirma dabei zu helfen, festzustellen, welche Arbeiten verrichtet werden müssen. Dadurch kann die Firma Ihnen ein besseres Preisangebot unterbreiten.
Zeitplan	Sie geben der potentiellen Vertragsfirma eine Idee darüber, bis wann sie die Arbeiten zu komplettieren hat (das mag auch einen Einfluss auf das Preisangebot haben).
Qualitätsplan	Verschiedene Qualitätsanforderungen ziehen verschiedene Preisangebote nach sich.

Risikoregister	Erinnern Sie sich daran, dass eine der Optionen bei der Risikokontrolle die Transferierung ist. Überarbeiten Sie das register, um herauszufinden, welche Risiken Sie transferieren wollen – und erwähnen Sie diese auch im Ausschreibungsdokument.
Gelegenheits-register	Möglicherweise werden Sie einige der Gelegenheiten mit anderen Parteien teilen müssen.

Aufgrund der außerordentlichen Wichtigkeit dieses Dokuments, sollten Sie Ihre Kollegen in der Vertragsabteilung um Mithilfe bitten wenn Sie bei der Aufsetzug von Ausschreibungen nur ungenügende Erfahrung haben.

Nachdem das Dokument fertig gestellt und an verschiedene potentielle Vertragsfirmen gesandt wurde, wird das Projektteam auf Angebote warten. Um die beste Firma auszuwählen, muss eine Auswahlprozedur gestartet werden. Während der wir die Vorlage verwenden, die wir während der Planungsphase ausgefüllt haben.

- **Beispiel REEM Park: Auswahl von Vetragsfirmen**

Wir wollen annehmen, dass Amanda und ihr Team Angebote von drei Designfirmen erhalten haben. Jedes Angebot enthielt ein technisches Angebot über das vorgeschlagene design des Parks und – in einem separaten Umschlag – ein finanzielles Angebot über das von der jeweiligen Firma vorgeschlagene Honorar. Amanda entschied sich, zuerst die technische Bewertung durchzuführen, damit die vorgeschlagenen Preise jeder Firma keinen Einfluss auf die Bewertungsprozedur haben würden. Sie fertigte Fotokopien der technischen Angebote an und verteilte sie an Sara und Ali. Beide teammitglieder erhielten eine Woche Zeit, die Angebote zu studieren und ihre jeweiligen Bewertungsvorlagen auszufüllen. Die nachfolgendne drei Vorlagen illustrieren die Bewertungen von – respektive – Amanda, Sara und Ali:

Vergleichskriterien	Gewicht	Firma A	Firma B	Firma C
Erfahrung der Firma auf dem technischen Gebiet des Projektes	10	8	9	8
Hat bereits gleichartige Projekte durchgeführt	10	9	7	7
Erfahrung der Firma in der Gebietsregion	10	10	7	6
Qualifikationen der Projektteammitglieder	25	23	20	20

Finanzielle Stabilität	10	10	10	10
Hält sich an den Projektumfang wie vom REEM Park Projektteam stipuliert	25	17	17	16
Besitzt ISO-9001 Zertifikation	10	9	19	9
Gesamt	100	86	79	76
Unterschrift	Amanda			

Vergleichskriterien	Gewicht	Firma A	Firma B	Firma C
Erfahrung der Firma auf dem technischen Gebiet des Projektes	10	8	9	8
Hat bereits gleichartige Projekte durchgeführt	10	9	7	7
Erfahrung der Firma in der Gebietsregion	10	10	8	6
Qualifikationen der Projektteammitglieder	25	23	21	20
Finanzielle Stabilität	10	10	10	10
Hält sich an den Projektumfang wie vom REEM Park Projektteam stipuliert	25	19	16	16
Besitzt ISO-9001 Zertifikation	10	9	9	9
Gesamt	100	88	80	76
Unterschrift	Sara			

Vergleichskriterien	Gewicht	Firma A	Firma B	Firma C
Erfahrung der Firma auf dem technischen Gebiet des Projektes	10	10	10	9
Hat bereits gleichartige Projekte durchgeführt	10	8	9	7
Erfahrung der Firma in der Gebietsregion	10	10	10	6
Qualifikationen der Projektteammitglieder	25	23	16	17
Finanzielle Stabilität	10	9	9	9

Hält sich an den Projektumfang wie vom REEM Park Projektteam stipuliert	25	21	22	17
Besitzt ISO-9001 Zertifikation	10	9	8	9
Gesamt	100	90	84	74
Unterschrift	Ali			

Danach arrangierte Amanda die Bewertungen in einer neuen Tabelle und kalkulierte die Gesamtbewertung jeder Firma basierend auf 70 Prozent der Gesamtpunktzahl (wir erinnern uns, dass die technische Bewertung mit 70 % und die finanzielle Bewertung it 30 % zu Gewicht fiel).

Firma	Bewertung			Durchschnitt	Endwert (angeglichen basierend auf 70 % Gewicht)
	Amanda	Sara	Ali		
A	86	88	90	88	62
B	79	80	84	81	57
C	76	76	74	75	53

Anschließend wurden die Umschläge mit den finanziellen Angeboten im Beisein eines Repräsentanten der Finanzabteilung (zur Gewährleistung von Fairness) geöffnet. Die nachfolgende Tabelle zeigt die von jeder Firma vorgeschlagenen Kosten:

Firma	Preis
A	1.234.561 Euro
B	1.430.000 Euro
C	1.533.256 Euro

Das Kriterium der finanziellen Bewertung ist Kosten. Die Firma, die für das Projekt die geringsten Kosten vorschlägt, erhält die höchste Bewertung (in unserem Fall wären das 30 Punkte). Die Bewertungen der beiden anderen Firmen werden relativ zu der niedrigstbietenden Firma nach der folgenden Formel kalkuliert:

Finanzielle Bewertung = (Gebot der Firma mit dem niedrigsten Preis) X (Prozentgewicht der finanziellen Bewertung)

Die nachfolgende Tabelle zeigt die Resultate unseres Beispiels:

Firma	Preis	Finanzielle Bewertung
A	1.234.561 Euro	30 Punkte, da die Firma das niedrigste Preisangebot einreichte.
B	1.430.000 Euro	1.430.000 : 1.234.561 X 30 = 26 Punkte
C	1.533.256 Euro	1.533.256 : 1.234.561 X 30 = 24 Punkte

Jetzt können wir die Gesamtpunkte der technischen und finanziellen Bewertungen zusammen addieren. Die Firma mit den meisten Punkten gewinnt und erhält das Projekt zugeschlagen.

Firma	Technische Bewertung (von 70 %)	Finanzielle Bewertung (von 30 %)	Endgültige Bewertung (von 100 %)
A	62	30	92
B	57	26	83
C	53	24	77

Firma A erhält den Zuschlag mit einer Bewertung von 92 Prozent.

Projektfortschrittberichterstattung

Berichterstattung über den Projektfortschritt ist einer der besten Wege, während der Projektausführung Informationen zu kommunizieren. Am besten generiert man diese Berichte während einer Besprechung, zu der auch Interessenvertreter geladen sind. Diese Besprechungen sind außerdem ein Werkzeug für das Interessenvertretermanagement, denn die Interessenvertreter können in den Besprechungen Bedenken oder Ideen äußern und erlangen dadurch in den Augen des Projektteams Wichtigkeit.

Beispiel REEM Park: Fortschrittberichterstattung

Nachfolgend ist das Beispiel eines komplettierten Fortschrittsberichtes für das REEM Park-Projekt:

Report Nr. 14 Datum: 1. August 2010	
Projektstatus	Planmäßig
Tage verspätet	Keine

Aufgaben in diesem Monat erfüllt	Umzäunung fertig gestellt.
Risiken, denen das Projekt ausgesetzt ist	Keine
Neue Risiken	Aufgrund der herrschenden Sommerhitze wird die tägliche Arbeitszeit in Beachtung der Verordnungen des Arbeitsministeriums um 2 Stunden verkürzt. Es wird mit dem Bauunternehmen gegenwärtig kommuniziert, wie für die verloren gegangene Arbeitszeit zu kompensieren ist.
Bevorstehende Aufgaben	Fundamentlegung für den Springbrunnen. Arbeit zum Anschluss des Abwassersystems an die Hauptkanalisation wird fortgeführt.
Gelernte Lektionen	Keine
Unterschrift des Projektmanagers	Amanda

Änderungsanfragen

Als ein Beispiel wollen wir annehmen, dass Amanda einen Telefonanruf aus dem Büro des Generalmanagers erhielt. Sie wurde darüber informiert, dass der Generalmanager eine Sonnenüberdachung des Kinderspielplatzes wünscht. Da die Änderungsanfrage vom Sponsor eingebracht wurde, nahm sich Amanda der Angelegenheit persönlich an. Sie ersuchte um eine Besprechung mit dem Generalmanager und dem Manager der Parkverwaltung, um die Änderungsvorlagen auszufüllen und die Gründe für die Änderungsanfrage zu dokumentieren. Der Generalmanager erklärte, ohne Sonnenüberdachung könnten die spielenden Kinder Hitzerschöpfungen erleiden. Außerdem fügte er hinzu, dass ein Sonnenschutz die Lebenserwartung der Spielplatzgeräte verlängern würde.

Amanda kontaktierte daraufhin ihre Vertragsfirma und erbat eine Preisquotierung für die Überdachung und eine Schätzung, wie lange die Installierung brauchen würde. Die Firma informierte sie, die Überdachungen wären ohne weiteres auf dem Markt verfügbar und könnten daher zeitgleich mit der Erstellung des Spielplatzes installiert werden. Daher würde es den Zeitplan nicht beeinflussen. Als Kosten veranschlagte die Firma 30.000 Euro.

Amanda überprüfte ihr Projektbudget und fand heraus, dass die Kosten der Überdachung nicht von den Projektreserven getragen werden können. Sie kontaktierte den Manager der Finanzverwaltung. Er erklärte sich bereit, eine Geldanforderung über diese Summe zu verausgaben, vorausgesetzt die zusätzlichen Kosten würden vom Generalmanager bevollmächtigt. Nachfolgend ist das Beispiel für die ausgegebene Änderungsanfrage:

Änderungsantragsformular Nr. 1 REEM Park-Projekt	
Beschreibung der Änderung	Hinzufügung einer Sonnenüberdachung auf dem REEM Park Kinderspielplatz
Grund für die Änderung	Zum Schutz von Kindern und Spielplatzgeräten vor zu großer Sonneneinstrahlung
Name des Einreichenden	Generalmanager der Statdverwaltung
Datum	12. Juli 2010
Mögliche Effekte falls dem Antrag statt gegeben wird	Erhöhung der Projektkosten um 30.000 Euro
Ist der Antrag genehmigt?	Ja
Unterschrift des Projektmanagers	Amanda

Kapitel 7
Projektabschluss

Gelernte Lektionen

Bitte erinnern Sie sich daran, dass wir unser Projektplanung begannen indem wir die aus früheren Projekten gelernten Lektionen noch einnmal sichteten und überarbeiteten. Nun ist es bei unserem eigenen Projekt an der Zeit, die gelernten Lektionen der Datenbank unserer Organisation hinzuzufügen. Die „gelernten Lektionen" sind die entdeckten Informationen, die unser Projekt entweder positiv oder negativ beeinflussten. Indem unser Projektteam diese Informationen teilt, hilft es zukünftigen Teams dabei, die selben Fehler nicht noch einmal zu machen und keine Gelegenheiten zu übersehen, die deren projekten zuträglich sind.

Die gelernten Lektionen sind deshalb so wichtig, weil sie so spezifisch für die Firma sind. Sie ermöglichen es, Unzulänglichkeiten in der Firma aufzudecken auf eine Weise auszumerzen, die ansonsten nicht möglich wäre. „gelernte Lektionen" kann man sich nicht aus Fachbüchern über Management oder Trainingskurse aneignen. Erlauben Sie mir an dieser Stelle bitte eine Frage: Wenn Sie mit dem Gedanken spielten, sich ein Buch über Kommunikationsmanagement zu kaufen, wobei eines von einem Mitarbeiter Ihrer Firma, das andere von einem anderen Autor verfasst wurden, welches würden Sie sich eher zulegen? Richtig, sie würden sich das vom Firmenmitarbeiter verfasste Buch entscheiden, denn es würde im Gegensatz zu dem anderen Buch für Sie spezifische Beispiel enthalten, aus denen Sie Vorteile ziehen können. Aus diesem Grund sind die gelernten Lektionen aus einem firmeneigenen Projekt für die Firma so ungeheuer wertvoll. Nachfolgend sind einige Beispiele für gelernte Lektionen:

- Nachdem Sie die Vertragsfirma kontaktiert haben, stellten Sie fest, dass Verhandlungen mit ihr schwierig sind;

- Sie haben einen Weg entdeckt, eine bestimmte Aufgabe rationeller zu erledigen;

- Durch neue Informationen (die bisher nicht existierten) war es Ihnen möglich, den Zeitrahmen und die Kosten des Projekts besser abzuschätzen;

- Sie haben die Abänderung einiger Vorlagen vorgeschlagen, weil sie das mehr auf den Punkt bringt;

- Sie haben ein bestimmten Aufgabenbereich identifiziert, in dem zusätzliches Training der Firma weitere Vorteile bringen würde.

Richtlinien zur Zusammenstellung der gelernten Lektionen

1 Laden Sie das Projektteam, Represäntanten der Vertragsfirmen und Interessenvertreter zu einer Besprechung ein.

2 Beginnen Sie das Brainstorming über gelernte Lektionen. In vielen Fällen sind die gelernten Lektionen das Resultat von einzelnen Personen begangener Fehler. Selbstverständlich soll sich die Besprechung auf die Fehler fokussieren, nicht die Personen, die sie begangen haben.

3 Versuchen Sie, die einzelnen gelernten Lektionen zu kategorisieren, z.B.: Kommunikation, Projektmanagement, interne Prozeduren, Vertragsfirmen, usw.

4 Denken Sie mit den Teilnehmern über praktische Wege nach, wie man von den gelernten Lektionen profitieren kann. Wir können die gelernten Lektionen in die folgenden Typen unterteilen:

- Gelernte Lektionen, die schnell umgesetzt werden können: Diese Lektionen beheben üblicherweise ein Problem in einem klar begrenzten Aufgabenbereich und verursachen keine zusätzlichen Kosten. Beispiel: Sie entdecken, dass die von der Finanzabteilung verwendeten Vorlagen zur Anforderung eines Extrabudgets einer Überarbeitung bedürfen. Sie senden eine offizielle Empfehlung and die Finanzverwaltung und haben damit die gelernte Lektion „befriedigt".

- Gelernte Lektionen, die einer Genehmigung und eines Extrabudgets bedürfen: Ein Beispiel wäre der Vorschlag der Einrichtung einer Projektmanagementabteilung, deren Aufgabe es ist, Projektmanager aktiv zu unterstützen. Ein solcher Vorschlag wird einige Zeit studiert werden und – falls genehmigt – entwickelt sich zu einem eigenen Projekt.

5 Dokumentieren Sie die gelernten Lektionen in einer dafür vorgesehenen Vorlage und verteilen Sie Kopien an relevante Firmenabteilungen, die sich mit deren Umsetzung befassen.

Beispiel REEM Park: Gelernte Lektionen

Nachfolgend finden Sie ein Beispiel der Vorlage für gelernte Lektionen für das Parkprojekt:

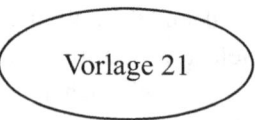

Vorlage 21

Gelernte Lektionen

Nr.	Gelernte Lektion	Kategorie	Wie man die Lektion teilt bzw. umsetzt
1	Das von der Konsultierungs-firma erstellte Design war sehr gut	Verträge	Den Namen der Firma auf die Präferenzliste setzen
2	Die Baufirma führte kein Risikoregister, da dies im Vertrag nicht als zwingend vorgeschrieben eingearbeitet war	Verträge	In zukünftigen Verträgen spezif-izieren dass ein Risikoregister geführt werden muss
3	Während der Sommer-monate ist der Arbeitstag 2 Stunden kürzer (gesetzliche Hitzepause)	Gesetzlich	Kopien der betreffenden Verord-nung an alle Projektmanager der Organisation senden, damit sie ihre Zeitpläne entsprechend anpassen können, sollte ihre jeweilige Projekt-ausführung in die Sommermonate fallen
4	Die Verwendung künstlicher Grasflächen im Park verkürzte die Gesamtbauzeit	Technisch – Parks	Diese Erkenntnis mit der Parkverwaltung teilen
5	Viele der Bewässerungs-sprinkler stellten sich bereits beim Auspacken als defekt heraus	Technisch – Parks	Diese Marke von Sprinklern zukünf-tig vermeiden; die Information mit der Parkverwaltung teilen.

Allzu oft stoppt der Prozess der gelernten Lektionen mit der Ausfullung der Vorlage, und ohne dass irgendwelche Schritte zur Umsetzung der Lektionen unternommen wird. Um diese Problem zu vermeiden, haben viele Firmen eine Projektmanagementabteilung eingerichtet. Eine der wichtigsten Aufgaben dieser Abteilung ist die Archivierung der gelernten lektion, deren Kategorisierung und deren Umsetzung.

Es ist eine gute Idee, zur Besprechung über die gelernten Lektionen entscheidungsbefugte Personen einzuladen, denn mitunter können sie sofort und vor Ort die Umsetzung einiger der gelernten Lektionen veranlassen.

Die Ansammlung gelernter Lektionen ist ein Prozess, der während des gesamten Projektlebenszyklus fortwährt. Stellen Sie deshalb sicher, dass Sie neue gelernte Lektionen immerzu sofort in Ihrer Vorlage dokumentieren.

Vorteile der Benutzung dieser Vorlage

1 Sie haben sich am Prozess der Informationsansammlung und –teilung innerhalb Ihrer Firma beteiligt.

2 Sie haben (basierend auf aktuelle Erfahrungen) Vorschläge eingebracht, um den Verlauf von zukünftigen Projekten zu verbessern.

3 Sie haben Interessenvertretern die Chance eingeräumt, sich aktiv am Projekt zu beteiligen (indem Sie sie nach ihrer Meinung fragten, was bei dem Projekt positiv und negativ verlief).

Projektteambeurteilung

Als Projektmanager sind Sie in einer Position, die es Ihnen erlaubt, dem Projektteam wertvolle Kommentare über deren Leistungen abzugeben. Einige der Teammitglieder sind vielleicht von anderen Firmenabteilungen gekommen und Ihre Bewertung mag in deren alljährliche Beurteilung mit eingehen. Um fair zu bewerten, benötigen Sie einen Maßstab, mit dessen Hilfe Sie die Leistungen einzelner Teammitglieder miteinander vergleichen. Die Basis ist der Projektteamplan, in dem Sie die spezifischen Aufgaben jedes teammitglieds dokumentierten und die jeweiligen Teammitglieder unterzeichnen liessen.

Beispiel REEM Park: Projektteambeurteilung

Nachfolgend ist ein Beispiel, wie Amanda die Leistungen ihrer einzelnen Teammitglieder bewertet hat:

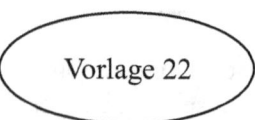

Vorlage 22

Projektteammitglieder: Bewertungsformular

REEM Park Projekt	
Name des Teammitglieds	Sara
Hauptaufgaben	Dem Projektmanager bei der Zusammenstellung des Projektringbinders assistieren
Hat das Mitglied alle Aufgaben komplett erfüllt?	Ja
Kommunikation innerhalb des Teams	Sehr gut
Kommunikation mit Interessenvertretern	Sehr gut
Grad des Organisationsvermögens	Sehr gut
Wissen über Projektmanagement	Gut
Anmerkungen	Sara war ausgezeichnet bei der Projektplanung. Außerdem nahm sie an sämtlichen Besprechungen über den Projektfortschritt teil und war sehr hilfreich bei der Anammlung gelernter Lektionen.
Projektmanager	Amanda
Datum	19. Dezember 2011

Vorteil der Benutzung dieser Vorlage

Sie haben gute (oder schlechte) Leistungen Ihrer Projektteammitglieder identifiziert und anerkannt.

Projektabschlussvorlage

Lassen Sie uns noch einmal zur Definition eines Projektes zurück gehen. Wir sagten, ein Projekt wäre eine Ansammlung von Aufgaben mit einem mit einem klaren Beginn und einem klaren Ende. Sie werden überrascht sein, zu erfahren, wie viele Projekte beendet werden ohne dass ein Dokument existiert, welches den offiziellen Abschluss des Projekts beurkundet und dass übrig gebliebene Ressourcen freigegeben wurden. Unser Ziel bei der Ausfüllung der nachfolgenden Vorlage ist, vom Sponsor die Anerkennung die Erfüllung des Projektproduktes zu erhalten und die Genehmigung, die involvierten Personen und die Ausrüstung freizugeben.

Sie können die Vorlage während einer Feier ausfüllen und offiziell verlautbaren, dass das Projekt erfolgreich abgeschlossen wurde. Verleihen Sie auch einige Zertifikate an verdiente Teammitglieder und Vertragsfirmen.

Beispiel REEM Park: Projektabschlussvorlage

Nachstehend ist die Projektabschlussvorlage für den Park, unterzeichnet vom Manager der Parkverwaltung in Vertretung des Generalmanagers.

Vorlage 23

Projektabschluss

Projektdauer		Budget	
Geplant	Aktuell	Geplant	Aktuell
510 Tage	520 Tage	2 Mio. Euro	1,7 Mio. Euro
Wurde das Projekt gemäß des ursprünglichen Arbeitsumfangs zu Ende geführt?			Ja
Wurden alle übrig gebliebenen Ressourcen freigegeben?			Ja
Unterschrift des Sponsor			M.P.
Unterschrift des Projektmanagers			Amanda

Vorteile der Benutzung dieser Vorlage

1 Sie haben sich offizielle Anerkennung vom Sponsor bezüglich des Projektproduktes erworben.

2 Sie haben das Projekt offiziell abgeschossen und können daher nunmehr übrige Ressourcen freigeben.

Abschließende Worte

Das Ziel meines Buches ist, Projektmanagement auf simple Weise zu präsentieren und Projektmanager zur Benutzung der verschiedenen präsentierten Methoden und Werkzeuge zu ermutigen. Das Projektbuch ist ein Rahmenwerk, das Sie Schritt für Schritt bei der Erzielung eines erfolgreichen Projektabschlusses anleiten soll indem Sie die vorgestellten Vorlagen für die einzelnen Projektelemente verwenden. Das Ausfüllen der Vorlagen hängt stark vom Brainstorming mit anderen Personen ab, was neue und einzigartige Ideen für das Managen des Projektes hervorbringen wird. Ein Fokus lag auf Risikomanagement als eine Möglichkeit, alle Elemente unter einen Hut zu bringen und Harmonie zwischen den einzelnen Vorlagen sicherzustellen, was letztendlich einen realistischeren und vertrauenswürdigeren Projektplan zustande bringt.

Wie ich ganz zu Anfang erwähnt habe, ist Projektmanagement separat von der technischen Ausführung des Projekts. Ich lege Ihnen nahe, sich weiter mit dem Thema zu beschäftigen, denn es wird Ihnen dabei helfen, Ihre Projekte erfolgreich zu verwalten. Es ist mein ehrlicher Wunsch, dass Sie vom Inhalt dieses Buches profitieren.

Sollten Sie Kommentare haben, können Sie mich unter dieser eMail-Adresse erreichen: **alk.books@gmail.com**. Außerdem können Sie sich alle in diesem Buch enthaltenen Vorlagen von den folgenden Webseiten herunterladen: www.theprojectbook.net oder **www.kuwaitat.net**

Kapitel 8
Übungen

In diesem Kapitel gebe ich Ihnen die Gelegenheit, das soeben Gelernte praktisch umzusetzen und zwei verschiedene Projekte zu produzieren:

- **Projekt 1:** Konstruierung einer Webseite

- **Projekt 2:** Ein Familienausflug nach Paris

Für jedes Beispielprojekt werde ich das folgende bereitstellen:

- Ein simples Grundszenario

- Ein komplettes Set von Vorlagen zum Ausfüllen

- Ein Beispiel für eine mögliche Lösung

Anmerkung 1: Im Anschluss an jede Vorlage finden Sie eine Blankoseite für handschriftliche Notizen und Brainstorming.

Anmerkung 2: Die Lösungsbeispiele sind lediglich zur Illustrierung und zum vergleich gedacht. Es gibt keinen einzelnen starr vorgeschriebenen Weg, die Vorlagen auszufüllen.

Projekt 1: Konstruierung einer Webseite

Szenario: Sie arbeiten als Public Relations-Angestellter bei einem großen Möbelhersteller. Ihr Chef kam gerade aus einer Besprechung mit dem Generalmanager. Er erklärt Ihnen, Sie wären zum Projektmanager für die Konstruierung einer Firmenwebseite ernannt worden. Das Ziel der Seite ist, einen Produktkatalog einzustellen und Kundenkommentare zu erhalten.

Wir nehmen an:

- Sie managen ein Team von drei Personen; einen IT-Ingenieur aus der IT-Abteilung und zwei neu eingestellte Schulabgänger als Assistenten.

- Sie müssen eine Firma unter Vertrag nehmen, die die Webseite für Sie zusammenstellt.

- Sie haben die Unterstützung des oberen Management, die Seite so bald als möglich fertigzustellen.

- Alle weiteren Annahmen überlasse ich Ihrer Kreativität.

Und nun: Beginnen Sie mit dem Ausfüllen der Vorlagen!

Für Brainstorming und Notizen

Vorlage 1

Nicht-finanzielle Investitionsrendite (Rentabilität)

Erwartete Rendite	Chance, die Rendite zu erzielen	Vernetzung mit Zielen der Organisation	Kosten

Für Brainstorming und Notizen

Vorlage 2

Ausführbarkeitsstudie

Beschreibung der Idee
Verfügbare Alternativen
Verfügbarkeit der Finanzierung
Kann die Idee technisch durchgeführt werden?
Personalverfügbarkeit zur Betreibung des Projektes
Konflikte mit anderen Projekten
Empfehlungen

Für Brainstorming und Notizen

Vorlage 3

Projektcharter

Projektname	
Projekt Nr.	
Erwartete Dauer	
Erwartetes Budget	
Projektziele	
Projekteigner	
Projektmanager	
Startdatum	
Unterschrift	

Für Brainstorming und Notizen

Vorlage 4

Projektteam

Nr.	Name	Aufgetragene Aufgaben	Unterschrift

Für Brainstorming und Notizen

Vorlage 5

Überarbeitung Gelernter Lektionen

Nr.	Name des vorherigen Projektes	Gelernte Lektion	Wie wir sie uns zunutze machen

Für Brainstorming und Notizen

Vorlage 6

Interessenvertreter: Identifizierung und Prioritisierung

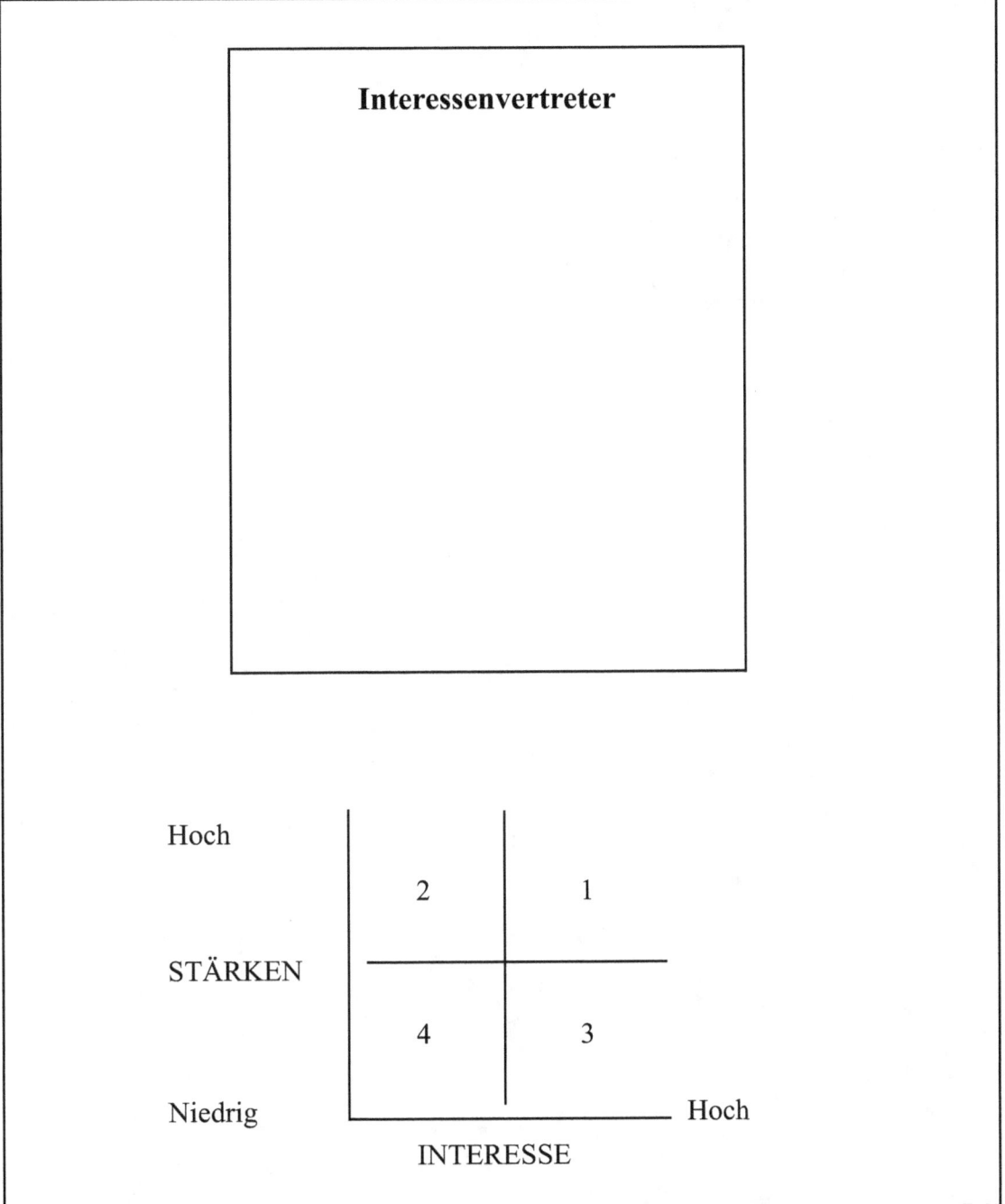

Für Brainstorming und Notizen

Vorlage 7

Interessenvertreter: Anforderungen

Interessenvertreter	Potentielle Anforderungen	Wie diese befriedigt werden können

Für Brainstorming und Notizen

Vorlage 8

Informationsmanagementplan

Information	Empfänger	Methode der Versen-dung	Frequenz der Versendung	Wer versendet?

Empfänger	Kontakt		Empfänger	Kontakt

Für Brainstorming und Notizen

Vorlage 9

Projektumfang

Projektskizze

Was bleibt erhalten?

Was fällt raus?

Für Brainstorming und Notizen

Vorlage 10

Projektdesign

Webseite

Für Brainstorming und Notizen

Vorlage 11

Projektqualitätsanforderungen

Nr.	Aufgabe	Erforderliche Qualität	Methode der Messung

Für Brainstorming und Notizen

Vorlage 12-A

Projektdesign mit Zeitlänge der einzelnen Aufgaben

Webseite

Für Brainstorming und Notizen

Vorlage 12-B

Netzwerkdiagramm

| Start |

| Ende |

Für Brainstorming und Notizen

Vorlage 12

Projektzeitplan

Zeiteinheit =

Nr.	Aufgabe	Zeit	1	2	3	4	5	6	7	8	9	10	11	12	13	14	15	16	17	18

Für Brainstorming und Notizen

Vorlage 13

Ressourcentabelle

Nr.	Aufgabe	Arbeitskräfte	Kosten / Kommentare	Ausrüstung / Materialien	Kosten / Kommentare
Gesamt					
Projektbudget					

Für Brainstorming und Notizen

Vorlage 14

Technische Bewertung für das Webseiten-Projekt

Vergleichskriterien	Gewicht	Firma 1	Firma 2	Firma 3	Firma 4	Firma 5
Gesamt						
Unterschrift						

Vorlage 15

Kreieren Sie Ihre eigene Vorlage für Änderungsanfragen

Vorlage 16

Kreieren Sie Ihre eigene Vorlage für den Projektfortschrittsbericht

Für Brainstorming und Notizen

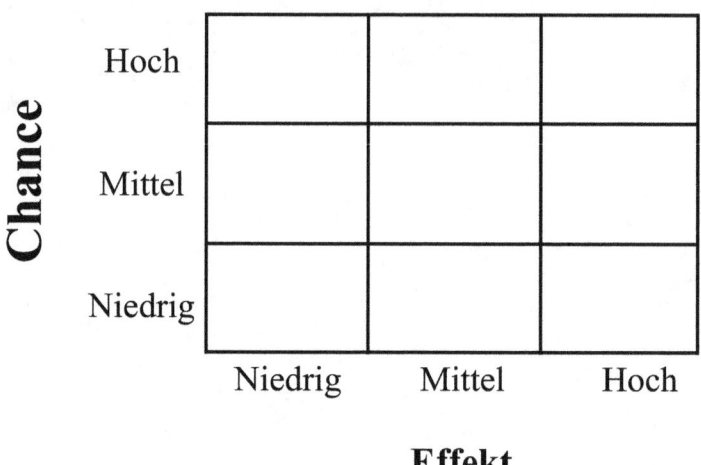

Vorlage 17

Risikoidentifizierung und Bewertung

Nr.	Risikobeschreibung	Chance d. Eintreffens	Effekt	Bewertung

Für Brainstorming und Notizen

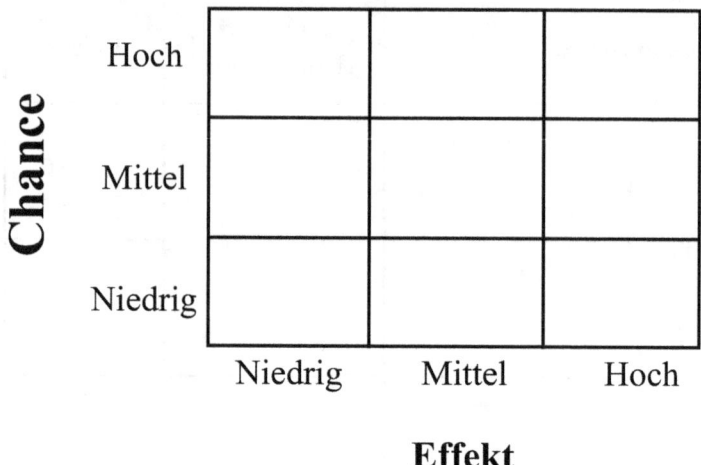

Vorlage 18

Gelegenheitenidentifizierung und Bewertung

Nr.	Gelegenheit	Chance d. Eintreffens	Effekt	Bewertung

Für Brainstorming und Notizen

Vorlage 19

Risikoregister

Nr.	Risiko	Bewertung	Kontrolloption	Verantwort-liche Person	Seiteneffekt der Option auf das Projekt

Für Brainstorming und Notizen

Vorlage 20

Gelegenheitsregister

Nr.	Gelegenheit	Bewertung	Verbesserungs-option	Verantwort-liche Person	Effekt der Option auf das Projekt

Beispiel für einen kompletten Projektringbinder für die Konstruktion einer Webseite

Vorlage 1

Nicht-finanzielle Investitionsrendite (Rentabilität)

Erwartete Rendite	Chance, die Rendite zu erzielen	Vernetzung mit Zielen der Organisation	Kosten
Dient als Marketing Tool für die Firma und ihre Produkte	Hoch	Hoch	Honorar für die Firma, die das Design erstellt
Möglichkeit für zukünftiges e-Business (z.B. Online Store)	Mittel	Mittel	Zeitaufwand des Projektteams
Wenn Kunden-kommentare Online empfangen werden, können sie schneller bearbeitet werden	Hoch	Hoch	Gebühren zum Kauf von Webdomäne und Speicherplatz
Die Seite kann für zusätzliche Aufgaben benutzt werden (z.B. Stellenanzeigen)	Mittel	Mittel	Anstellung eines Administrators zur Verwaltung der Webseite

Vorlage 2

Ausführbarkeitsstudie

Beschreibung der Idee
Konstruktion einer Webseite um den Produktkatalog der Firma Online einzustellen.
Verfügbare Alternativen
Verteilung des Katalogs durch traditionelle Post, was teurer ausfällt.

Verfügbarkeit der Finanzierung
Das in etwa benötigte Budget beträgt 5.000 Euro. Finanzierung ist verfügbar durch die PR- und IT-Abteilungen.
Kann die Idee technisch durchgeführt werden?
Ja.
Personalverfügbarkeit zur Betreibung des Projektes
Der Projektmanager wird durch die PR-Abteilung gestellt.
Konflikte mit anderen Projekten
Es bestehen keine Konflikte. Die IT-Abteilung wird in dem Projekt involviert und der Generalmanager unterstützt die Idee ohne Vorbehalte.
Empfehlungen
Mit der Projektplanung beginnen.

Vorlage 3

Projektcharter

Projektname	Firmenwebseite
Projekt Nr.	23-PRD-10
Erwartete Dauer	45 Tage
Erwartetes Budget	5.000 Euro
Projektziele	Kreierung einer Webseite, die Informationen über die Firma verteilt und auf der der Produktkatalog eingestellt wird.
Projekteigner	PR-Abteilung
Projektmanager	Wilhelm K.
Startdatum	15. März 2010
Unterschrift	[Generalmanager]

Vorlage 4

Projektteam

Nr.	Name	Aufgetragene Aufgaben	Unterschrift
1	Wilhelm	Projektmanager und verantwortlich für die Komplettierung des Projektringbinders und alle Aspekte des Projektes während der verschiedenen Projektphasen. Außerdem direkt verantwortlich für das Management der Webdesignfirma und für das Einstellen der Webseite.	Wilhelm
2	Toni	Assistiert bei der Komplettierung des Projektringbinders. Kreiert eine erste Ausfertigung des Webseiten-Layout. Hilft mit dem Austesten der Webseite. Schult den Webseitenadministrator.	Toni
3	Sally	Assistiert bei der Komplettierung des Projektringbinders. Trägt alle benötigten Einzelheiten über die Firma und ihre Produkte zusammen.	Sally
4	Kurash	Hilft bei der Verwaltung des Projektes, z.B. Vorbereitung von Dokumenten und Memos und Einberufung von Besprechungen. Rägt alle benötigten Einzelheiten über die Firma und ihre Produkte zusammen.	Kurash

Vorlage 5

Überarbeitung Gelernter Lektionen

Nr.	Name des vorherigen Projektes	Gelernte Lektion	Wie wir sie uns zunutze machen
1	Es wurden keine gelernten Lektionen gefunden, da dies das erste Mal ist, dass die Firma solch ein Projekt durchführt.		

Vorlage 6

Interessenvertreter: Identifizierung und Priorisierung

Interessenvertreter
1 Generalmanager
2 PR-Abteilung
3 IT-Abteilung
4 Kunden

Hoch

STÄRKEN

Niedrig

| | 2 | 1 |
| | 4 | 3 |

INTERESSE Hoch

Vorlage 7

Interessenvertreter: Anforderungen

Interessenvertreter	Potentielle Anforderungen	Wie diese befriedigt werden können
Generalmanager	Projekt muss innerhalb des Zeitplans komplettiert werden. Design muss vorzüglich sein.	Durch detaillierte Pla-nung. GM muss außerdem das Design genehmigen und muss regelmäßig über den Projektfortschritt infor-miert werden.
PR-Abteilung	Projekt muss innerhalb des Zeitplans komplettiert werden und der Generalmanager muss das Resultat mögen. Alle relevanten Firmeninformationen müssen auf der Webseite vertreten sein (z.B. Firmengeschichte, Dienstleis-tungen, Produktpalette).	Durch detaillierte Planung. Außerdem sicherstellen, dass alle relevanten Informationen eingestellt werden und dass die Webseite vor dem Einstellen ausge-testet wird.

IT-Abteilung	Möchte bei der Auswahl der Designfirma involviert sein. Nimmt außerdem teil am Aufsetzen der technischen Anforderungen der Seite und reserviert sich das Recht für endgültige Genehmigung.	Ein Repräsentant der IT-Abteilung wird Mitglied des Projektteams.
Kunden	Einfache Navigation durch die Seiten. Ausreichend Informationen über die Firma und ihre Produkte und die Möglichkeit, Kommentare Online zu senden.	Anforderungen werden im Ausschreibungsdoukument verankert. Gewählte Designfirma muss sicher-stellen, dass die Anfor-derungen beachtet we-rden.

Vorlage 8

Informationsmanagementplan

Information	Empfänger	Methode der Versen-dung	Frequenz der Versendung	Wer versendet?
Besprechung zur Risikoidentifizierung	Projektteam + Repräsentant der IT-Abteilung	eMail	1 Mal	Kurash
Zeitplan	Projektteam + Generalmanager + PR-Manager + IT-Manager	Offizielles Memo	1 Mal und sodann nach jeder Änderung	Kurash
Anfängliche Besprechung mit der Designfirma	Projektteam + Generalmanager + PR-Manager + IT-Manager	eMail	1 Mal	Kurash
Erster Designentwurf	Projektteam + Generalmanager + PR-Manager + IT-Manager	eMail + Post	1 Mal	Kurash
Endgültiger Designentwurf	Projektteam + Generalmanager + PR-Manager + IT-Manager	Offizielles Memo	1 Mal	Kurash

| Projektfortschrittsbericht | Projektteam + Designfirma | eMail + Post | Erste Woche jedes Monats | Kurash |
| Besprechung bzgl. Gelernter Lektionen | Projektteam + Designfirma | eMail | 1 Mal | Kurash |

Empfänger	Kontakt		Empfänger	Kontakt
General-manager	Sekretärin		IT-Abteilung	Toni
PR-Abteilung	Wilhelm			

Vorlage 9

Projektumfang

Illustrationen (Fotos) der Komponenten

- Foto der Firmenproduktionshalle (als Hintergrund für die Webseite)

- Knopf „Über Uns"

- Knopf „Produktkatalog"

- Knopf „Kontakt"

- Knopf „Fotogallerie"

- Knopf „Videogallerie"

Was fällt raus?

- Online Store

- Forum und Chat

Was bleibt erhalten?

- Firmeninformation

- Produktinformation

- Fotos und Videos

- Online eMail

Vorlage 10

Projektdesign

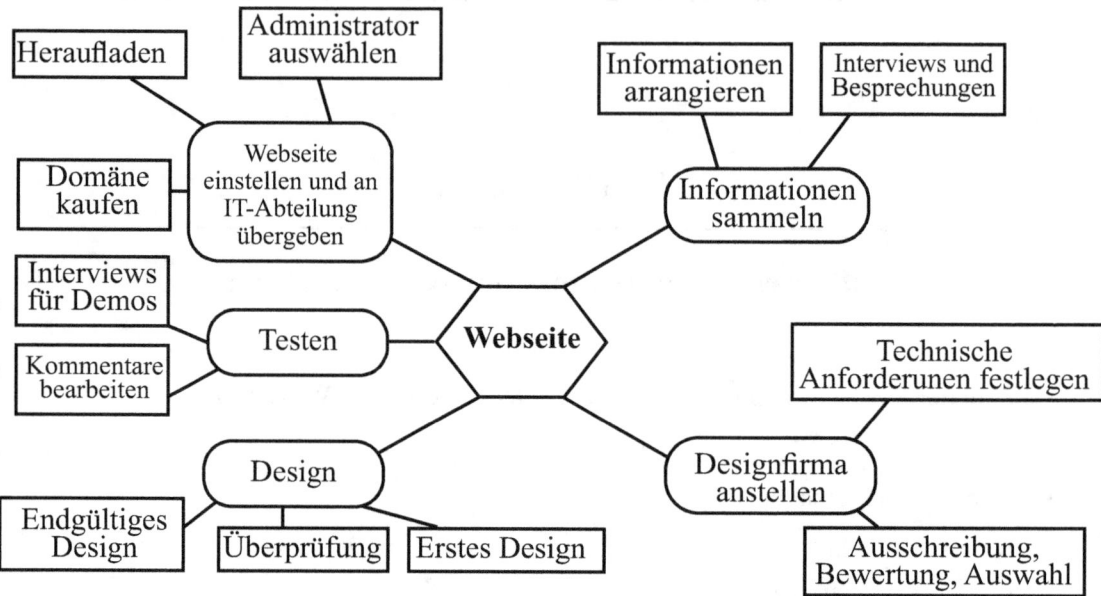

Vorlage 11

Projektqualitätsanforderungen

Nr.	Aufgabe	Erforderliche Qualität	Methode der Messung
1	Informationen sammeln	Alle benötigten Informationen zusammentragen	Information wird von allen Firmenabteilungen eingeholt (z.B. PR-Abteilung versendet Anfragen für Zurverfügungstellung relevanter Informationen an alle Abteilungen). Nach Eingang aller Informationen auf Vollständigkeit überprüfen.
2	Designfirma anstellen	Beste Firma auswählen	Klare Methode zur Bewertung und Auswahl anwenden.
3	Design	Visuell ansprechend und einfach zu navigieren	Bei Designfirma anfragen, eine Testreihe durchzuführen.
4	Testen	Mit echten Kunden austesten und ihre Anforderungen in Betracht ziehen	Logbuch zur Aufzeichnung der Testergebnisse anlegen. Umfasst Name der Testperson und ihre Kommentare. Im Zeitplan genügend Zeit für das Testen und die Bearbeitung der Kommentare einplanen.
5	Webseite einstellen und Übergabe an IT-Abteilung	Mit einer Mini Marketingkampagne kombinieren, einschließlich Pressemitteilungen und Druck der Webadresse auf den Firmenkata-logen. Außerdem passenden Websei-tennamen auswählen.	Pressemitteilungen für Online-Posting vorbereiten. Webseitenname auf allen neu gedruckten Katalogen anbringen.

Vorlage 12-A

Projektdesign mit Zeitaufwand für jede Aufgabe

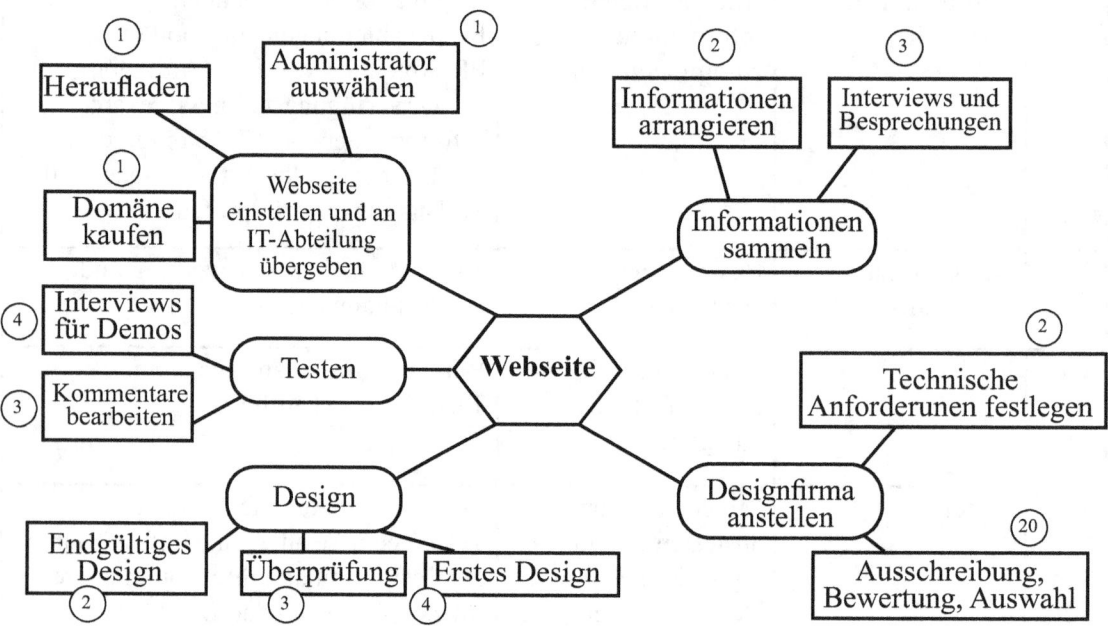

Vorlage 12-B

Netzwerkdiagramm

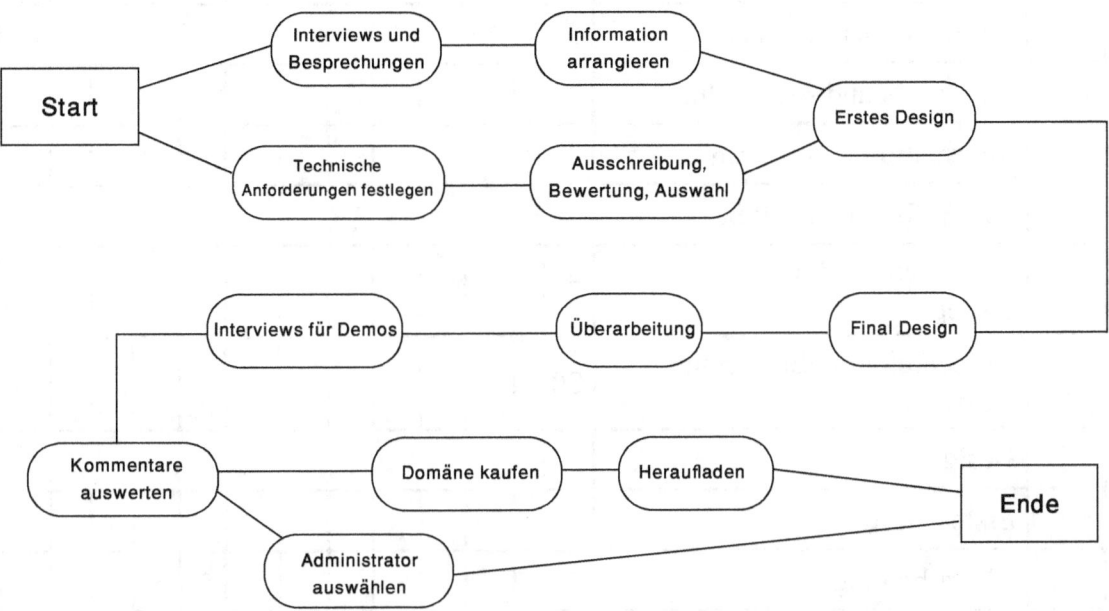

Vorlage 12

Projektzeitplan

Zeiteinheit = Tage

Nr.	Aufgabe	Zeit	5	5	5	5	5	5	5	5	5	5	5
	Informationen sammeln												
1	Interviews und Besprechungen	3											
2	Information arrangieren	2											
	Designfirma anstellen												
3	Technische Anforderungen festlegen	2											
4	Ausschreibung, Bewertung, Auswahl	20											
	Design												
5	Erstes Design	4											
6	Überarbeitung	3											
7	Endgültiges Design	2											
	Testen												
8	Interviews für Demos	4											
9	Kommentare auswerten	3											
	Einstellen und Übergabe an IT-Abteilung												
10	Domäne kaufen	1											
11	Hochladen	1											
12	Administrator auswählen	1											

Vorlage 13

Ressourcentabelle

Aufgabe	Arbeitskräfte	Kosten / Kommentare	Ausrüstung / Materialien	Kosten / Kommentare
Informationen sammeln				
Interviews und Besprechungen	Projektteam	--	--	--
Information arrangieren	Projektteam	--	--	--
Designfirma anstellen				
Technische Anforderungen festlegen	Projektteam	--	--	--
Ausschreibung, Bewertung, Auswahl	1 Person	--	--	--
Design				
Erstes Design	Designfirma	4.000 Euro	--	--
Überarbeitung	Projektteam	--	--	--
Endgültiges Design	Designfirma	--	--	--
Testen				
Interviews für Demos	Designfirma + Projektteam	--	Laptop	Verfügbar
Kommentare auswerten	Designfirma + Projektteam	--	--	--
Einstellen und Übergabe an IT-Abteilung				
Domäne kaufen	Projektteam	1.000 Euro	--	--
Hochladen	Designfirma	--	--	--
Administrator auswählen	Projektteam + IT-Manager	--	--	--
Gesamtkosten	**5.000 Euro**			

Vorlage 14

Technische Bewertung für das Webseiten-Projekt

Vergleichskriterien	Gewicht	Firma 1	Firma 2	Firma 3	Firma 4	Firma 5
Qualität und Anzahl in der Vergangenheit kreierter, gleichartiger Webseiten	50					
Qualifikationen des zur Verfügung gestellten Projektteams	20					
Beachtung des durch das firmeneigene Projektteam vorgeschriebenen Projektumfangs	25					
Besitz einer ISO-9001 Zertifikation	5					
Gesamt	100					
Unterschrift						

Vorlage 17

Risikoidentifizierung und Bewertung

Nr.	Risikobeschreibung	Chance d. Eintreffens	Effekt	Bewertung
1	Von einige Firmenabteilungen werden die benötigten Informationen nicht erhalten	Niedrig	Mittel	Niedrig
2	Designfirma verzögert den ersten Designentwurf	Mittel	Mittel	Mittel
3	Eine passende Domäne wird nicht gefunden	Niedrig	Hoch	Mittel
4	Die Designfirma erhöht ihre Budgetforderung	Niedrig	Niedrig	Niedrig
5	Viele Designänderungen während der Überarbeitung des ersten Designentwurfs	Niedrig	Hoch	Hoch
6	Das Austesten nimmt mehr Zeit in Anspruch als geplant, da möglichst viele Kommentare eingeholt werden wollen	Mittel	Mittel	Mittel

Vorlage 18

Gelegenheitenidentifizierung und Bewertung

Nr.	Gelegenheit	Chance d. Eintreffens	Effekt	Bewertung
1	Eines der Teammitglieder hat Erfahrung mit Webdesign; kann daher viel bei der Festlegung der technischen Anforderungen mithelfen.	Mittel	Mittel	Mittel
2	Die benötigte Zeitspanne für die Ausschreibung kann vermindert werden wenn die Firma über eine Präferenzliste von Designfirmen verfügt.	Mittel	Mittel	Mittel
3	Das generelle Layout der Webseite kann getestet werden bevor die Webseit komplett kreiert ist.	Mittel	Niedrig	Niedrig

Vorlage 19

Risikoregister

Nr.	Risiko	Bewertung	Kontrolloption	Verantwort-liche Person	Seiteneffekt der Option auf das Projekt
1	Einige Firmenabteilungen stellen die benötigten Informationen nicht zur Verfügung	Niedrig	Bei den entsprechenden Abteilungen nachfragen und um die Informationen bitten	Projektteam	--
2	Designfirma verzögert den ersten Designentwurf	Mittel	Von der Designfirma einen konkreten Zeitplan fordern und den Projektfortschritt überwachen	Wilhelm	--
3	Eine passende Domäne wird nicht gefunden	Mittel	So frühzeitig wie möglich nach einer passenden Domäne suchen	Toni	--
4	Designfirma fragt um höheres Budget nach	Niedrig	Bei der Auswahl Ausgewogenheit zwischen Kosten und Qualität sicherstellen	Wilhelm	--
5	Viele Designänderungen während der Überprüfung des Erstentwurfs	Hoch	Generalmanager, IT-Manager und PR-Manager aktiv mit Informationen versorgen und Genehmigung des Projektumfangs sicherstellen	Projektteam	--
6	Das Austesten nimmt mehr Zeit in Anspruch als geplant	Mittel	Verschiedene Teammitglieder können das Austesten parallel auf ihren persönlichen Laptops durchführen; daher kann eine große Anzahl von Kommentaren eingeholt werden	Wilhelm + Toni	--

Vorlage 20

Gelegenheitsregister

Nr.	Gelegenheit	Bewertung	Verbesserungs-option	Verantwort-liche Person	Effekt der Option auf das Projekt
1	Ein Teammitglied hat Erfahrung mit Webdesign; kann daher viel bei der Festlegung der technischen Anforderungen mithelfen	Mittel	Die Aufgabe des Aufsetzens des Ausschreibungsdokuments kann diesem Teammitglied übertragen werden	Toni	--
2	Zeitspanne für die Ausschreibung kann reduziert werden wenn die Firma über eine Präferenzliste von Webdesignfirmen verfügt	Mittel	Mit Vertragsabteilung koordinieren um die Ausschreibung nur vorbestimmten Designfirmen zukommen zu lassen	Projektteam + Vertragsabteilung	--
3	Generelles Layout kann getestet werden noch bevor die Webseite komplettiert ist	Mittel	Sobald das generelle Layout getetset wurde kann eine Testreihe mit Kunden stattfinden (z.B. im Ausstellungsraum)	Projektteam	--

Beispiel 2: Ein Familienurlaub in Paris

Szenario: Sie sind verheiratet und haben zwei Kinder, ein siebenjähriges Mädchen und einen fünfjährigen Jungen. Sie haben sich entschieden, den Sommer in Paris zu verbringen um sich einmal so richtig zu entspannen, aber auch um Frankreich kennenzulernen.

Wir nehmen an:

- Sie managen ein Team von 3 Personen: ihre Gattin, ihre Tochter, ihr Sohn.

- Sie leben in den Vereinigten Staaten.

- Überlegen Sie sich weitere Annahmen.

In diesem Beispiel werden Sie üben, wie man akkurate Schätzungen eines Budget und der Dauer der einzelnen Projektaufgaben macht. Um dies zu bewerkstelligen müssen Sie Recherchen auf dem Internet betreiben.

Beginnen Sie nun mit dem Ausfüllen der Vorlagen!

Für Brainstorming und Notizen

Vorlage 1

Nicht-finanzielle Investitionsrendite (Rentabilität)

Erwartete Rendite	Chance, die Rendite zu erzielen	Vernetzung mit Zielen der Organisation	Kosten

Für Brainstorming und Notizen

Vorlage 2

Ausführbarkeitsstudie

Beschreibung der Idee
Verfügbare Alternativen
Verfügbarkeit der Finanzierung
Kann die Idee technisch durchgeführt werden?
Personalverfügbarkeit zur Betreibung des Projektes
Konflikte mit anderen Projekten
Empfehlungen

Für Brainstorming und Notizen

Vorlage 3

Projektcharter

Projektname	
Projekt Nr.	
Erwartete Dauer	
Erwartetes Budget	
Projektziele	
Projekteigner	
Projektmanager	
Startdatum	
Unterschrift	

Für Brainstorming und Notizen

Vorlage 4

Projektteam

Nr.	Name	Aufgetragene Aufgaben	Unterschrift

Für Brainstorming und Notizen

Vorlage 5

Überarbeitung Gelernter Lektionen

Nr.	Name des vorherigen Projektes	Gelernte Lektion	Wie wir sie uns zunutze machen

Für Brainstorming und Notizen

Vorlage 6

Interessenvertreter: Identifizierung und Priorisierung

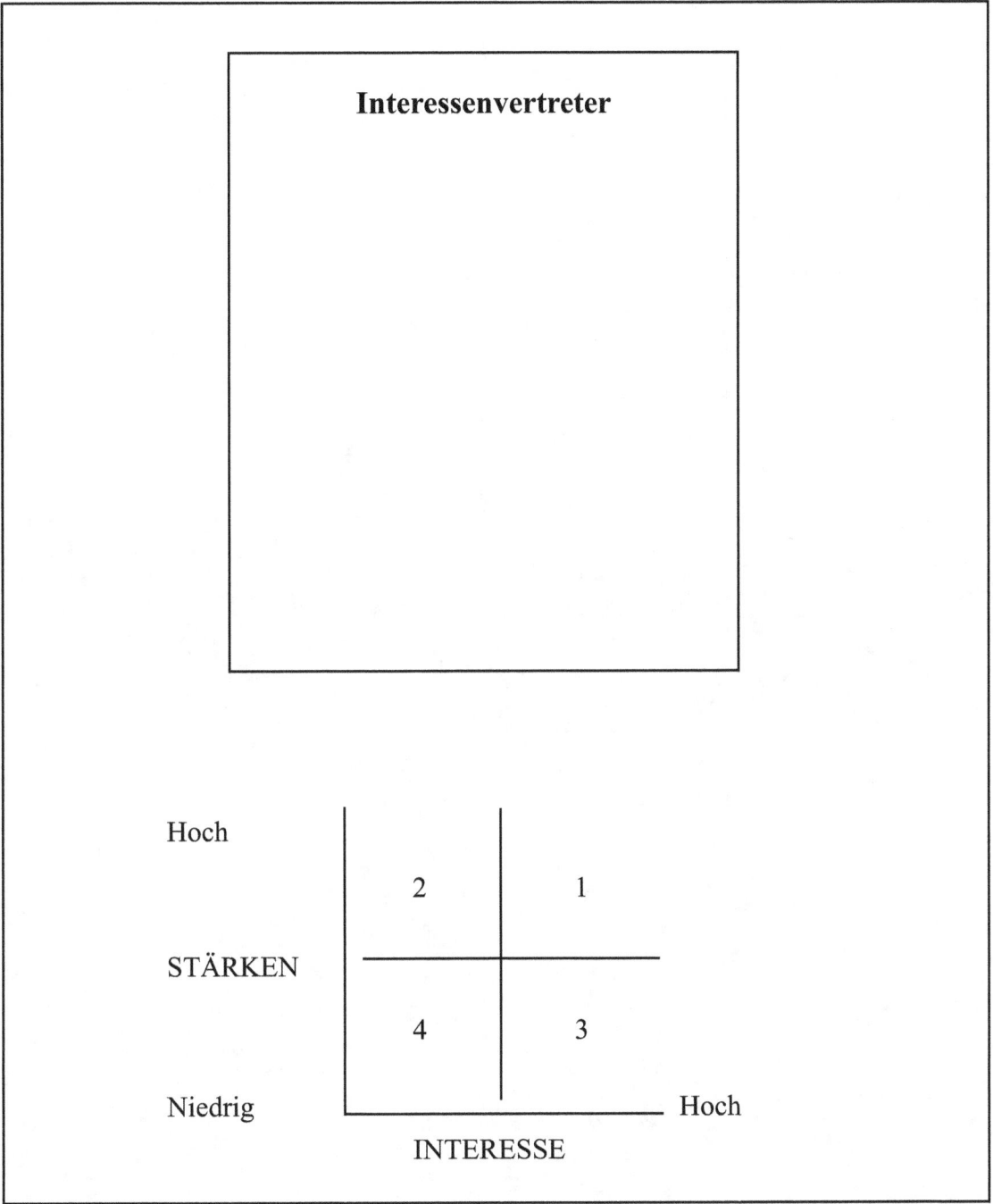

Für Brainstorming und Notizen

Vorlage 7

Interessenvertreter: Anforderungen

Interessenvertreter	Potentielle Anforderungen	Wie diese befriedigt werden können

Für Brainstorming und Notizen

Vorlage 8

Informationsmanagementplan

Information	Empfänger	Methode der Versen-dung	Frequenz der Versendung	Wer versendet?

Empfänger	Kontakt		Empfänger	Kontakt

Für Brainstorming und Notizen

Vorlage 9

Projektumfang

Projektskizze

Was bleibt erhalten?

Was fällt raus?

Für Brainstorming und Notizen

Vorlage 10

Projektdesign

> **Reise nach Paris**

Für Brainstorming und Notizen

Vorlage 11

Projektqualitätsanforderungen

Nr.	Aufgabe	Erforderliche Qualität	Methode der Messung

Für Brainstorming und Notizen

Vorlage 12-A

Projektdesign mit Zeitlänge der einzelnen Aufgaben

Reise nach Paris

Für Brainstorming und Notizen

Vorlage 12-B

Netzwerkdiagramm

Start		Ende

Für Brainstorming und Notizen

Vorlage 12

Projektzeitplan

Zeiteinheit =

Nr.	Aufgabe	Zeit	1	2	3	4	5	6	7	8	9	10	11	12	13	14	15	16	17	18

Für Brainstorming und Notizen

Vorlage 13

Ressourcentabelle

Nr.	Aufgabe	Arbeitskräfte	Kosten / Kommentare	Ausrüstung / Materialien	Kosten / Kommentare
Gesamt					
Projektbudget					

Für Brainstorming und Notizen

Vorlage 14

Technische Bewertung für das Projekt „Reise nach Paris"

Vergleichskriterien	Gewicht	Firma 1	Firma 2	Firma 3	Firma 4	Firma 5
Gesamt						
Unterschrift						

Vorlage 15

Kreieren Sie Ihre eigene Vorlage für Änderungsanfragen

Vorlage 16

Kreieren Sie Ihre eigene Vorlage für den Projektfortschrittsbericht

Für Brainstorming und Notizen

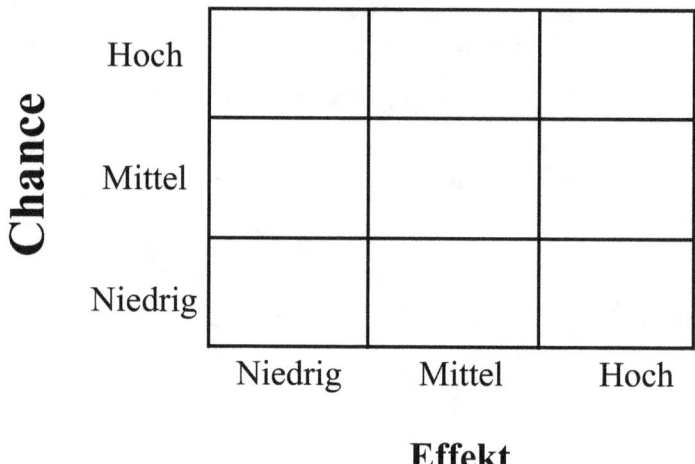

Vorlage 17

Risikoidentifizierung und Bewertung

Nr.	Risikobeschreibung	Chance d. Eintreffens	Effekt	Bewertung

Für Brainstorming und Notizen

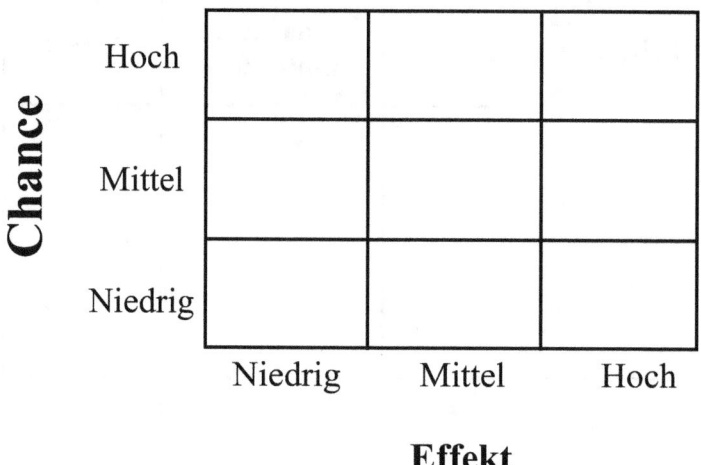

Vorlage 18

Gelegenheitenidentifizierung und Bewertung

Nr.	Gelegenheit	Chance d. Eintreffens	Effekt	Bewertung

Für Brainstorming und Notizen

Vorlage 19

Risikoregister

Nr.	Risiko	Bewertung	Kontrolloption	Verantwort-liche Person	Seiteneffekt der Option auf das Projekt

Für Brainstorming und Notizen

Vorlage 20

Gelegenheitsregister

Nr.	Gelegenheit	Bewertung	Verbesserungs-option	Verantwort-liche Person	Effekt der Option auf das Projekt

Beispiel für einen kompletten Projektringbinder für den Familienausflug nach Paris

Vorlage 1

Nicht-finanzielle Investitionsrendite (Rentabilität)

Erwartete Rendite	Chance, die Rendite zu erzielen	Vernetzung mit Zielen der Organisation	Kosten
Zeit mit der ganzen Familie zusammen verbringen	Hoch	Hoch	Kosten für Flugtickets, Hotel, tägliche Ausgaben
Gelegenheit, Frankreich kennenzulernen	Mittel	Hoch	Vater muss sich Urlaub nehmen
Gelegenheit, französische Küche zu kosten	Hoch	Hoch	--

Vorlage 2

Ausführbarkeitsstudie

Beschreibung der Idee
Ein 10-tägiger Urlaub in Frankreich mit der ganzen Familie.
Verfügbare Alternativen
Urlaubsreise nach Thailand oder Urlaub zuhause verbringen.
Verfügbarkeit der Finanzierung
Das Gesamtbudget beträgt etwa 7.500 Euro und ist verfügbar.

Kann die Idee technisch durchgeführt werden?
Ja. Flüge nach Frankreich und zurück sind einfach zu buchen. Hotel in Paris kann mit Kreditkarte auf dem Internet gebucht werden. Visas können bei der Botschaft problemlos beantragt werden.
Personalverfügbarkeit zur Betreibung des Projektes
Ja.
Konflikte mit anderen Projekten
Die Familie hat während dieser Zei keine anderen Aktivitäten geplant. Die Kinder sind in den Schulferien.
Empfehlungen
Die Idee wurde von den Eltern und Kindern begutachtet und akzeptiert. Die Planung des Urlaubs kann beginnen.

Vorlage 3

Projektcharter

Projektname	Reise nach Paris
Projekt Nr.	Urlaub Nr. 1 im Jahr 2010
Erwartete Dauer	10 Tage
Erwartetes Budget	7.500 Euro
Projektziele	Einen Urlaub zusammen mit der ganzen Familie in Paris verbringen und Frankreich kennenlernen.
Projekteigner	Die ganze Familie.
Projektmanager	Vater
Startdatum	15. Juli 2010
Unterschrift	[Vater]

Vorlage 4

Projektteam

Nr.	Name	Aufgetragene Aufgaben	Unterschrift
1	Vater	Projektmanager und verantwortlich für die Komplettierung des Projektringbinders und alle Aspekte des Projektes während der verschiedenen Projektphasen.	Vater
2	Mutter	Assistiert bei der Komplettierung des Projektringbinders.	Mutter
3	Tochter	Assistiert bei der Komplettierung des Projektringbinders.	Tochter
4	Sohn	Assistiert bei der Komplettierung des Projektringbinders.	Sohn

Vorlage 5

Überarbeitung Gelernter Lektionen

Nr.	Name des vorherigen Projektes	Gelernte Lektion	Wie wir sie uns zunutze machen
1	Reise nach Singapur	Wir hatten ein billiges Hotel gebucht, das sich zu abseits von Einkaufsmöglichkeiten und Sehenswürdigkeiten befand. Auch der Transport was schwierig.	Hotel nahe von Sehenswürdigkeiten buchen.
2	Reise nach Singapur	Das Flugzeug von X Airlines hob verspätet ab und der Bordservice war nicht besonders gut.	Diese Fluggesellschaft für den Paris-Urlaub vermeiden.
3	Reise nach Südafrika	Viele Geldwechsler lehnten alte und zerknitterte Banknoten ab.	Nur neue Banknoten als Bargeld mitführen.

Vorlage 6

Interessenvertreter: Identifizierung und Priorisierung

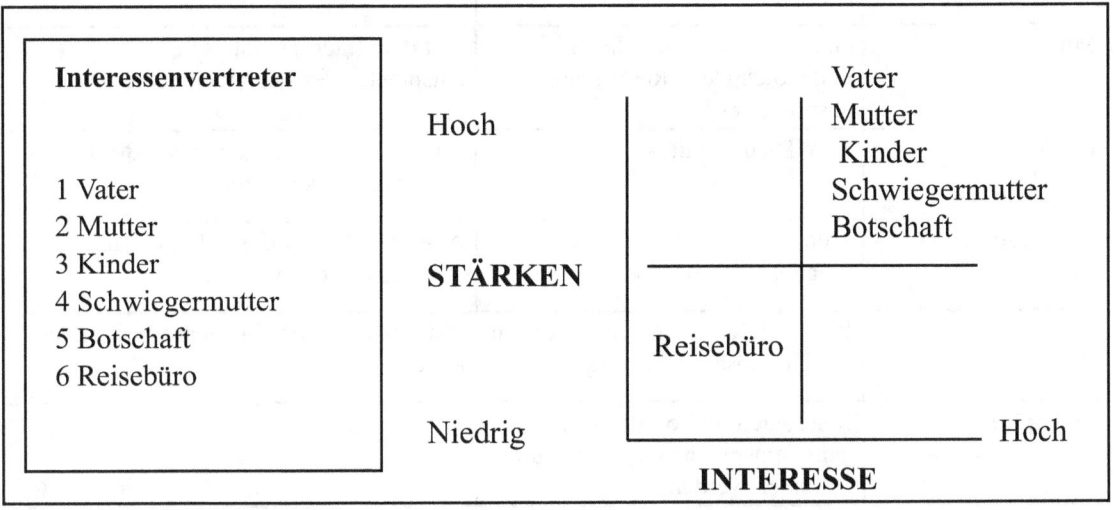

Vorlage 7

Interessenvertreter: Anforderungen

Interessenvertreter	Potentielle Anforderungen	Wie diese befriedigt werden können
Vater	Den Louvre besuchen. Tägliche Ausgaben im Zaum halten.	Louvre besuchen und Buch über tägliche Ausgaben führen.
Mutter	Gute Einkaufsmöglichkeiten und Hotel. Neue Restaurants ausprobieren.	Auf dem Internet Hotels in entsprechender Lage recherchieren.
Kinder	Euro Disneyland besuchen.	Einen oder zwei Tage für den Besuch von Disneyland reservieren..
Schwiegermutter	Möchte alle Einzelheiten des Urlaubsplans erfahren.	Alle erwarteten Informationen zur Verfügung stellen.
Botschaft	Pässe mit Visaanträgen 2 Wochen vor Urlaubsantritt vorlegen.	Pässe und Antragsformulare fristgemäß abliefern.
Reisebüro	Reisedaten im Voraus mitteilen damit entsprechende Unterkunft gefunden werden kann.	Reisedaten mitteilen.

Vorlage 8

Informationsmanagementplan

Information	Empfänger	Methode der Versen-dung	Frequenz der Versendung	Wer versendet?
Visumbeantragung mit Pass	Französische Botschaft	Persönlich	1 Mal	Vater + Mutter
Informationen über das/die Hotel/s	Schwiegermutter	Persönlich	1 Mal	Mutter
Reisedaten	Reisebüro	Persönlich	Wie benötigt	Vater

Empfänger	Kontakt		Empfänger	Kontakt
Franz. Botschaft	Rezeption		Reisebüro	Sonja, Tel. 123456789
Schwieger-mutter	Mutter			

Vorlage 9

Projektumfang

Was fällt raus?

- Nachbarländer besuchen
- Busines/1. Klasse Tickets
- Automietung
- 5-Sterne Hotels

Was bleibt erhalten?

- Flugtickets
- Flughafentransfers
- Hotel
- Stadttour
- Louvre Besuch
- Restaurantmahlzeiten
- Euro Disneyland
- Sehenswürdigkeiten besuchen
- Einkaufen

Vorlage 10

Projektdesign

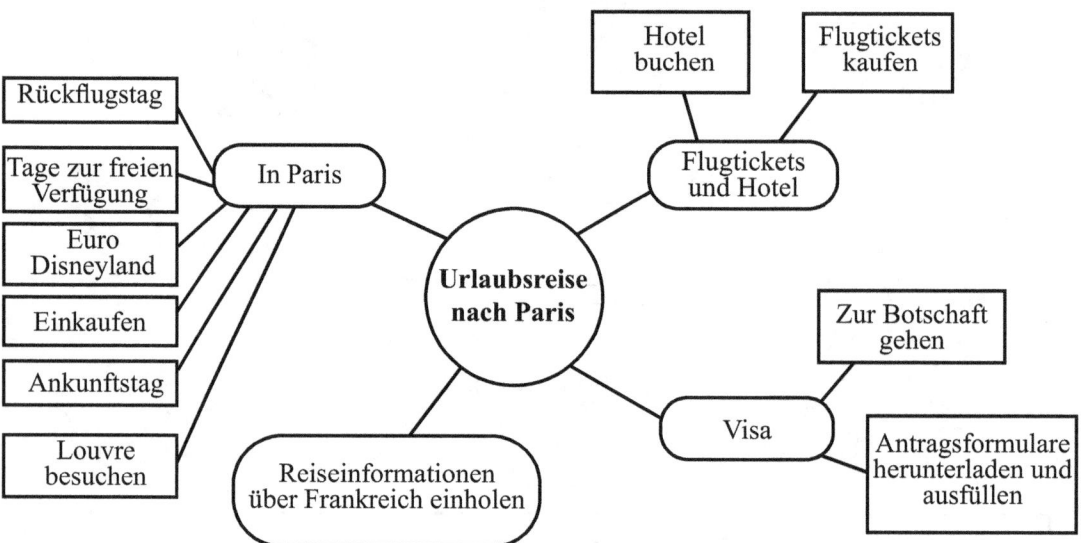

Vorlage 11

Projektqualitätsanforderungen

Nr.	Aufgabe	Erforderliche Qualität	Methode der Messung
1	Reiseinformationen über Frankreich einholen	Auch Informationen von Leuten einholen, die dort waren; nicht nur von Reisebüros	Resieforen auf dem Internet besuchen; Online recherchieren.
2	Visumanträge herunterladen und ausfüllen	Alle Einzelheiten ausfüllen und unterschreiben	Keine Einzelheiten auslassen.
3	Botschaft aufsuchen	Frühzeitig kommen um nicht lange anstehen zu müssen	Um 7 Uhr morgens aus dem Haus gehen.
4	Flugtickets kaufen	Direktflug; Sitzplätze nahe beieinander	--
5	Hotel buchen	Zentrale Lage nahe Sehenswürdigkeiten; Familienfreundlich; Frühstück mit einbegriffen.	--
6	Ankunftstag	Transfer zum Hotel	--
7	Einkaufen	Geschenke für Schwiegermütter kaufen; Kreditkarte nicht benutzen.	--
8	Euro Disneyland	Frühzeitig kommen um Massen zu vermeiden.	Ankunftszeit
9	Louvre	Frühzeitig kommen um Massen zu vermeiden.	Ankunftszeit
10	Freie Tage	Mindestens 2 freie Tage einplanen um an Stadtrundfahrten teilzunehmen.	Anzahl der freien Tage und Stadttour/en buchen.
11	Rückflugstag	Alles packen. Zwei Stunden vor Rückflug am Flughafen sein.	-

Vorlage 12-A

Projektdesign mit Zeitaufwand der verschiedenen Aufgaben

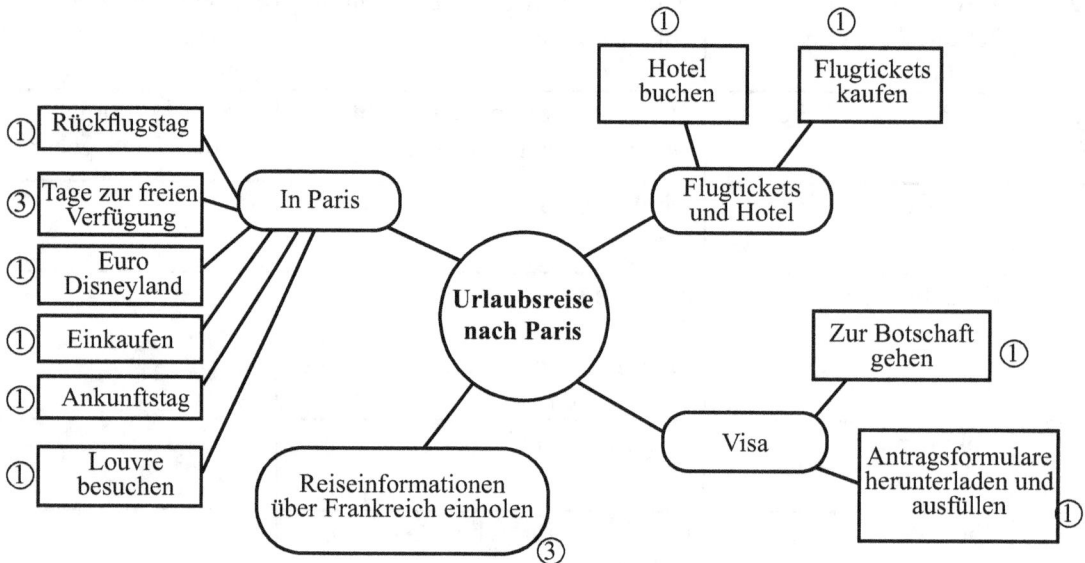

Vorlage 12-B

Netzwerkdiagramm

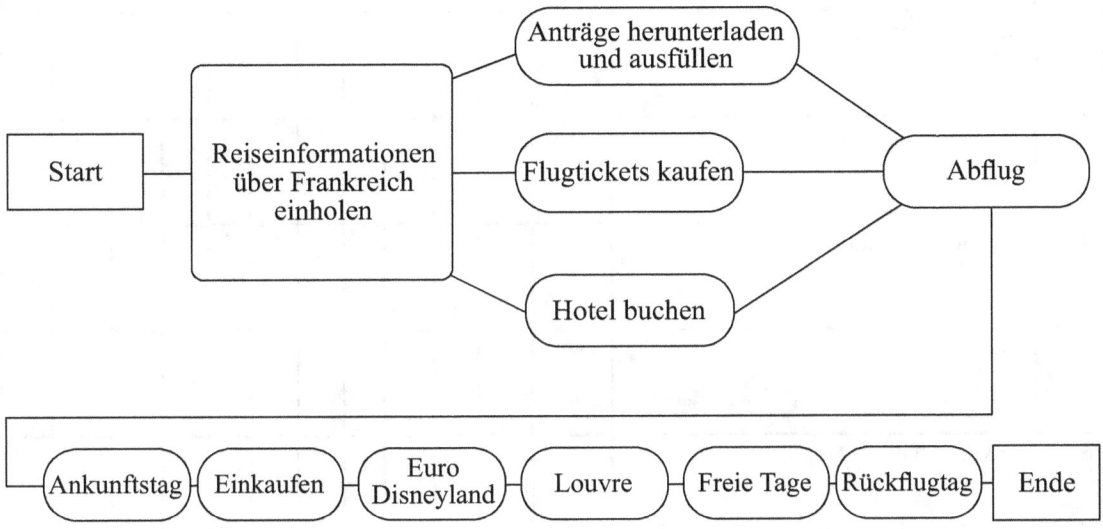

Vorlage 12

Gantt Chart

Nr.	Aufgabe	Zeit	5	5	5	5	5	5	5	5	5	5	5
1	Reiseinformationen über Frankreich einholen	3											
2	Anträge herunterladen und ausfüllen	1											
3	Botschaft aufsuchen	1											
4	Flugtickets kaufen	1											
5	Hotel buchen	1											
6	Ankunftstag	1											
7	Einkaufen	1											
8	Euro Disneyland	1											
9	Louvre	1											
10	Freie Tage	3											
11	Rückflugtag	1											

Vorlage 13

Ressourcentabelle

Nr.	Aufgabe	Arbeitskräfte		Kosten / Kommentare	Ausrüstung / Materialien	Kosten / Kommentare
1	Reiseinformationen über Frankreich einholen	Vater + Mutter		--	Computer	--
2	Anträge herunterladen und ausfüllen	Vater und Mutter		--	Computer	--
3		Botschaft aufsuchen	Vater + Mutter	--	Auto + Visagebühren für die Familie	300 Euro
4		Flugtickets kaufen	Vater	--	Preis der Tickets	1.750 Euro
5		Hotel buchen	Mutter	--	Zimmerpreis	1.000 Euro
6		Ankunftstag	Familie	--	Transfer zum Hotel	100 Euro
7		Einkaufen	Familie	--	--	750 Euro
8		Euro Disneyland	Familie	--	--	300 Euro
9		Louvre	Familie	--	--	200 Euro
10		Freie Tage	Familie	--	--	500 Euro
11		Rückflugtag	Familie	--	Kosten des Transfers zum Flughafen	100 Euro
Gesamtkosten		5.000 Euro				

Vorlage 14

Auswahlvorlage

Für diese Projekt haben wir zwei ewertungsformulare: eines für die Auswahl der Fluggesellschaft und eines für die Auswahl des Hotels.

Zuerst: Vergleichskriterien der Fluggesellschaften

Vergleichskriterien	Gewicht	Flugges. 1	Flugges. 2	Flugges. 3	Flugges. 4	Flugges. 5
Direktflug	25					
Angenehme Abflug-/ Ankunfts-/Rückflugzeiten	15					
Leumund für guten Bordservice	5					
Erlaubtes Gepäckgewicht	5					
Kosten	50					
Gesamt	100					
Unterschrift						

Sodann: Vergleichskriterien der Hotels

Vergleichskriterien	Gewicht	Hotel 1	Hotel 2	Hotel 3	Hotel 4	Hotel 5
Standort	30					
Frühstück inbegriffen	5					
Familienfreundlich	5					
Einfacher Zugang zur U-Bahn (Metro)	10					
Kosten	50					
Gesamt	100					
Unterschrift						

Vorlage 17

Risikoidentifizierung und Bewertung

Nr.	Risikobeschreibung	Chance d. Eintreffens	Effekt	Bewertung
1	Wir finden den Transferservice zum Hotel nicht.	Niedrig	Mittel	Mittel
2	Einer oder mehrere Koffer gingen verloren.	Niedrig	Mittel	Mittel
3	Bargeld wird gestohlen.	Niedrig	Hoch	Mittel
4	Der Louvre ist am Tag des Besuches geschlossen.	Niedrig	Hoch	Mittel
5	Eines der Kinder wird krank.	Niedrig	Hoch	Mittel
6	Der Rückflug verspätet sich.	Niedrig	Mittel	Mittel
7	Streik in Euro Disneyland	Niedrig	Mittel	Mittel

Vorlage 18

Gelegenheitenidentifizierung und Bewertung

Nr.	Gelegenheit	Chance d. Eintreffens	Effekt	Bewertung
1	Der Louvrebesuch und eine Stadttour können am gleichen Tag unternommen werden; dadurch sind für Euro Disneyland zwei Tage verfügbar.	Hoch	Mittel	Hoch
2	Auf die Eintrittskarten für den Louvre gibt es einen Rabatt wenn sie über das Internet gebucht werden.	Hoch	Mittel	Hoch

Vorlage 19

Risikoregister

Nr.	Risiko	Bewertung	Kontrolloption	Verantwort-liche Person	Seiteneffekt der Option auf das Projekt
1	Der Transferservice zum Hotel wird nicht gefunden.	Mittel	Lageplan des Hotels ausdrucken damit man notfalls ein Taxi nehmen kann.	Mutter	--
2	Einer oder mehrere Koffer gehen verloren.	Mittel	Kleider auf alle Koffer verteilen (nicht nur in einen packen).	Mutter	--
3	Bargeld wird gestohlen.	Mittel	Bargeld auf verschiedene Geldbörsen verteilen; Hotelsafe benutzen; Kreditkarte für Notfälle mitnehmen.	Vater + Mutter	--
4	Der Louvre ist am Tag des Besuches geschlossen.	Mittel	Plan ändern und diesen Tag zu einem freien Tag machen.	Vater	--
5	Eines der Kinder wird krank.	Mittel	Medizin geben; Nur in guten Restaurants essen; Überfüllte Orte vermeiden.	Mutter + Kinder	--
6	Der Rückflug verspätet sich.	Mittel	Eine oder mehrere Nächte in einem Hotel buchen.	Vater	Kosten für zusätzlichen Hotelaufenthalt
7	Streik in Euro Disneyland	Mittel	Plan ändern und Euro Disneyland an einem anderen Tag besuchen.	Familie	--

Vorlage 20

Gelegenheitsregister

Nr.	Gelegenheit	Bewertung	Verbesserungs-option	Verantwort-liche Person	Effekt der Option auf das Projekt
1	Louvrebesuch und Stadttour können am gleichen Tag unternommen werden; dadurch bleiben zwei Tage für Euro Disneyland.	Hoch	Frühzeitig zum Louvre gehen.	Familie	--
2	Eintrittskarten für den Louvre kommen mit Rabatt wenn sie über das Internet gebucht werden.	Hoch	Eintrittskarten über das Internet buchen.	Mutter	--

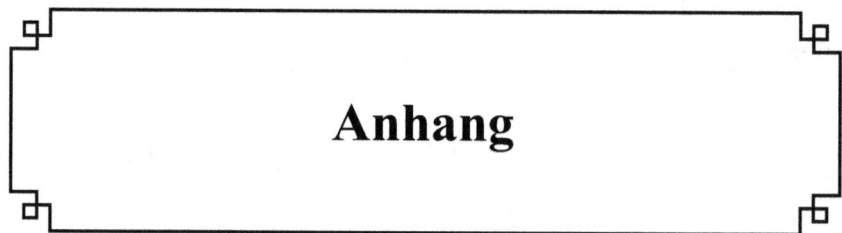

Anhang

Das Projektsimulationsspiel:

Die Simplifizierung von Projektmanagement durch

konkretes Lernen und die Benutzung des „Projektbuches"

Abdulla J. Alkuwaiti

Das Problem

Seit dem Jahr 2008 hat eine Gemeinde im Mittleren Osten das Konzept „management durch Projekte" für alle ihre Aktivitäten adoptiert und alle ihre Projekte mit einem strategischen Plan vernetzt. Dieser strategische Plan umfasst mehr als 200 Projekte mit Budgets von 50.000 US$ bis zu über 200 Millionen US$. Die Schwierigkeit lag mit den Projektmanagern, überwiegend Universitätsabgänger mit wenig oder gar keiner Erfahrung in Projektmanagement. Sie stürzten sich generell in die Durchführung der Projekte und ignorierten die Projektplanungspase. Sie boten Entschuldigungen wie zum Beispiel: „Projektmanagement ist ein sehr trockenes Thema und schwierig zu erlernen" oder „Planung ist Zeitverschwendung und die daraus gezogenen Vorteile sind minimal". Die Herausforderung war, Projektmanagement (als Wissenschaft) auf innovative Art zu präsentieren, die die Aufmerksamkeit dieser Projektmanager erweckte.

Die Methode

Das Projektmanagementbüro (PMO) begann mit der Untersuchung von Wegen, die Projektmanager die Methologien und Techniken von Projektmanagement üben und anwenden lässt. Es war klar, dass Schulung vonnöten war, doch Dokumente enthüllten, dass Trainingskurse alljährlich durch die Schulungsabteilung bereits angeboten wurden. Nach weiterer Analyse wurde erkannt, dass die bisherigen Trainingsmethoden versagt hatten, um das durch Textbücher erworbene Wissen über Projektmanagement auch praktisch anzuwenden. Die folgendnen Gründe wurden isoliert:

- Verfehlung, die Einzigartigkeit der Gemeinde herauszustellen. Projektmanager beklagten sich, sie bekämen oft frustriert, dass das in den Kursen Gelernte sich selten mit der alltäglichen Wirklichkeit deckt. Zum Beispiel wurden die meisten Gemeindeprojekte Konsultierungs- und Vertragsfirmen übertragen. Die Kurse versteiften sich jedoch stets lediglich auf das Szenario, in dem der Projektmanager alleinverantwortlich für die Projektplanung- und Durchführung ist.

- Die Art, auf die Übungsaufgaben durchgeführt wurden, war falsch. Man fand heraus, dass nur wenige Übungen während der Kurse überhaupt diskutiert wurden. Zudem mangelnde es an kreativer Präsentierung, die die Aufmerksamkeit der Projektmanager erweckt hätte. Einer der Kursteilnehmer sagte: „Sie geben uns drei oder vier Seiten einer Fallstudie ohne jegliche Illustrationen und erwarten von uns, dass wir dazu einen persönlichen Bezug entwickeln."

- Die Masse an Informatione. Projektmanager beklagten sich, die schiere Masse an präsentierten Informationen wäre überwältigend und liesse sie denken, Projektmanagement wäre übermäßig komplex und schwierig.

Um die Schulungskurse zu verbessern, strengte das PMO ausladende Forschung an, um neue Trainingsmethoden zu identifizieren. Es wurde entschieden, dass ein Trainingskurs präsentiert werden sollte, der sich auf einem Simulationsspiel eines echten Projektes aufbaut. Das Spiel sollte den folgenden Aspekten zutragen:

- Fokussierung auf konkretes anstatt abstraktes Lernen. Ein Modell des Projektes wurde mit Spielzeugen konstruiert. Durch das direkte Interagieren mit dem Modell fanden es die Kursteilnehmern leichter einen persönlichen Bezug mit der Fallstudie herzustellen.

- Spaß und Simplizität. Die Weise, auf die das Spiel mit Hilfe von Spielzeugen konzipiert war, erzeugte während des gesamten Kurses eine entspannte und spaßgefüllte Atmosphäre. Zusätzlich wurden Trainingshandbücher nur minimal benutzt um die Fallstudie nicht zu komplex wirken zu lassen.

- Wettbewerb. Die Teilnehmer wurden in zwei Gruppen aufgeteilt, um Wettbewerb zu provozieren. Dies befähigte die Dozenten, Gruppendruck auf positive Weise wirken zu lassen. Als Teammitglieder waren die einzelnen Teilnehmer stärker daran interessiert, den Lektionen genau zu folgen, um die Gruppe nicht zu enttäuschen.

- Ein vorausgeplantes Szenario und die Verwendung von Vorlagen als „Checkpoints". Bei der Auswahl des Spielszenarios wurde genauestens nachgedacht damit die Teilnehmer einen direkten Bezug zu ihrer alltäglichen Arbeit herstellen konnten. Das Spiel wurde so konzipiert dass die Dozenten verschiedene Elemente des Projektmanagement in logischer Reihenfolge abhandeln konnten. Die zusätzliche Verwendung von Vorlagen erleichterte es den Teilnhemern, zu erkennen, wenn sie eine bestimmte Projektaufgabe erfüllt hatten. Dies war besonders hilfreich bei der Diskutierung der verschiedenen Elemente der Projektplanungsphase.

Das Training

Der Kurs dauerte zwei Tage und hatte 17 Teilnehmer. Begonnen wurde mit einer kurzen Orientierung über Projektmanagement. Es folgte eine Einführung zu „Brainstorming" und wie es durchgeführt wird. Danach wurden Teams zusammen gestellt und das Spiel wurde mit einem Problemszenario gestartet. Die Fallstudie behandelte kürzliche Änderungen in regionalen Wetterkonditionen, die zu Wirbelstürmen und Überflutungen führten. Das Projekt (d.h. das Spiel) war die Errichtung eines Wetterstationturms.

Der Rest des Kurses folgte dem nachstehenden Modell, wobei eine kurze Beschreibung des Projektmanagementthemas gegeben wurde. Dem Modell musste observiert und die entsprechende Vorlage ausgefüllt werden. Letztendlich wurde der reale Vorteil des Subjekts diskutiert.

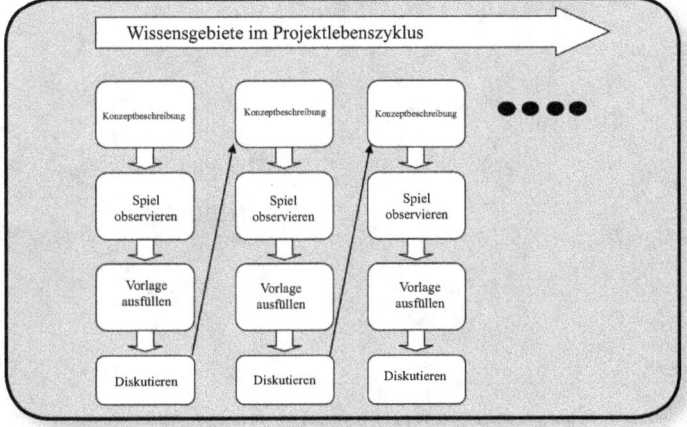

Figur 1: Das Modell des Trainingskurses

Die diskutierten Themen waren jene, von denen das PMO glaubte, sie wären für die Projektmanager am wichtigsten zu wissen. Das waren zum beispiel Projektumfangmanagement, WBS und Zeit- und Risikoplanung. Um den Kurs dynamisch zu gestalten und Langeweile zu verhindern, wurde jedes Thema durchschnittlich lediglich 1,5 Stunden lang diskutiert.

Die Vorlagen und der Projektringbinder

Ein Schwerpunkt des Kurses war das Ausfüllen von Vorlagen. Die Vorlagen wurden mit der Objektive entworfen, dass keine länger als eine DIN A4-Seite lang sein sollte. Die Vorlagen wurden in einem Ringbinder arrangiert. Er wurde in Sektionen für jeden Teil des Projektlebenszyklus unterteilt (von Projektinitiierung bis –abschluss). Die jeweiligen Vorlagen wurden in den entsprechenden Sektionen untergebracht. Der „Projektringbinder" übernahm eine bestimmende Rolle: Er vermittelte den Projektmanagern die Wichtigkeit der Projektplanungsphase (die weitaus meisten Vorlagen fielen in diese Sektion). Wenn eine Vorlage ausgefüllt war, signalisiert dies zudem die Komplettierung des gerade behandelten Themas und erlaubte es, zum nächsten Thema überzugehen.

Obwohl in Teams gearbeitet wurde, war jedes Mitglied nach einer Brainstormin Session dazu angehalten, die eigene Vorlage selbständig auszufüllen. Somit hatte jeder Kursteilnehmer am Ende des Kurses einen persönlichen, vollständige Projeketringbinder.

Die Verwendung von Vorlagen wurde als so wichtig erachtet, weil es Brainstorming induzierte. Die begünstigte im Gegenzug Kommunikation mit anderen Leuten, die ein Interesse an dem Projekt hegten. Außerdem verbesserte sich das Verständnis über das Projekts mit jeder Vorlage, die komplettiert wurde. Die nachstehende Figur 2 illustriert die Vorteile der Verwendung von Vorlagen:

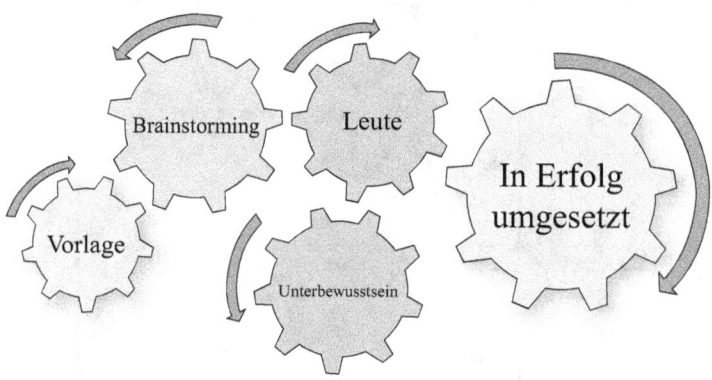

Das Projektvorlagen-Modell

Figur 2: Das Projektvorlagenmodell

Beobachtungen und Empfehlungen

1 Wie erwartet, stellte die Benutzung eines physischen Modells der Fallstudie als äußerst hilfreich heraus. Es begünstigte das Brainstorming, dass die Kursteilnehmer sich durch das Betrachten des Modells das Projekt besser vostellen konnten. Es reduzierte zudem den abstrakten Charakter des Spiels, was wiederum Konflikte und Dispute verminderte, die generell auftreten wenn verschiedene Leute eine schriftlich verfasste Übung interpretieren.

2 Wenn man ein Spiel oder eine Übung kreiert, sollte man sich absolut klar über das Szenario sein. Ich erinnere mich an die Teilnahme an einem Trainingskurs, dem ebenfalls eine Fallstudie zugrunde lag. Die Studie war jedoch nur schriftlich dargestellt und das auf ihr basierende Spiel progressierte nur zäh von einer Projektphase zur nächsten. In unserem obigen Beispiel wurde jedoch konzentriertes Denken so eingesetzt, dass die verschiedenen Wissensgebiete des Projektmanagements miteinander verbunden wurden und damit maximale Vorteile gezogen werden konnten. Während der Ausführungsphase wurden den Teilnehmern zum Beispiel Angebote von drei fiktiven Baufirmen zur Konstruktion des Wetterturmes vorgelegt. Sie konnten sodann an ihnen die Auswahlkriterien anwenden, die sie während der Planungsphase definiert hatten.

3 Den Teilnehmern gefielen die Vorlagen und sie fanden sie sehr hilfreich. Dies kann mehreren Faktoren angerechnet werden. Erstens: Jede Vorlage nahme lediglich maximal eine Seite ein und enthielt so wenige Informationen wie möglich. Zweitens: Die Vorlagen waren auf eine Art entworfen, die den Benutzer dazu provozierte, Sachverhalte in einem neuen Licht zu sehen. Zum Beispiel verlangte es die Vorlage zur Entwicklung des Projektumfangs dass die Teilnehmer eine Skizze des Projektumfangs zeichneten. Drittens: Die Vorlagen waren in Sequenz angeordnet. Dies gab einen Eindruck von Ordnung über die Prozedur des Ausfüllens. Es gab zum Beispiel zwei Vorlagen für den Zeitplan. Die erste wurde nach Komplettierung des WBS ausgefüllt, sodann bearbeitet und in einer weiteren Vorlage finalisiert nachdem die Risikomanagementvorlage komplett war. Diese Vorgehensweise illustrierte anschaulich die Tatsache, dass Risikomanagement den Zeitplan beeinflusst.

4 Fürchten Sie sich nicht vor Simplizität. In dem beschriebenen Trainingskurs versuchten wir, Projektmanagementkonzepte so weit zu vereinfachen dass wir besorgt ware, die Teilnehmer würden sich über diese „Übersimplifizierung" aufregen. Was wir jedoch entdeckten, war, dass viele Teilnehmer sich zum allerersten Mal mit diesen Konzepten konfrontiert sahen und um Erklärung baten (z.B. bei Themen wie Interessenvertretermanagement). Das wird manchmal auch „Fluch des Wissens" genannt und beschreibt die Situation, in der Leute so versiert über ein bestimmtes Subjekt werden, dass sie vergessen, wie schwer es ist, es anfänglich zu erlernen.

5 Die Benutzung des Projektringbinders gab den verschiedenen Phasen des Projektlebenszyklus konkrete Bedeutung. Das war besonders wichtig, um zwischen Initiierungs- und Planungsphasen zu unterscheiden; den beiden Phasen, die am meisten der Aufmerksamkeit

des Projektmanagers bedürfen. Wir haben in der anfänglichen Problemdefinierung gesehen, dass die Projektmanager der Gemeinde üblicherweise die Projektplanungsphase übersprangen und sich direkt an die Ausfertigung von Ausschreibungsdokumenten machten, die sie potentiellen Konsultierugnsfirmen zukommen liessen. Während des Kurses war es den Teilnehmern aber untersagt, mit der Projektausführung zu beginnen bevor nicht alle Vorlagen der Planungssektion im Ringbinder komplettiert waren.

Was kommt als nächstes?

Explorieren Sie das Konzept des „Projektringbinders" weiter, um zu sehen, ob Projektmanager es bei ihren realen Projekten anwenden können und welche Verbesserungen gemacht werden sollten. Es wurde in diesem Artikel aufgezeigt, dass die Benutzung eines strukturierten und einfachen Rahmenwerkes (aus Vorlagen) das Potential aufweist, Projektplanung zu verbessern, was sodann einen positiven Einfluss auf den Projektfortschritt nach sich zieht. Außerdem stellte der Artikel fest, dass neue Trainingsmethoden versucht werden sollten, um das Gewahrsein über Projektmanagement bei Projektmanagern zu erhöhen.